目录

第一章

导言：怀旧的时代

第一章　导言：怀旧的时代

1920年，德国表现主义画家保罗·克利（Paul Klee，1879—1940）创作了一幅名画《新天使》（Angelus Novus），该画旋即被瓦尔特·本雅明（Walter Benjamin）[①]收藏，后来又取名《历史的天使》（Angel of History）。在二十世纪四十年代早期，本雅明撰写了《历史哲学论纲》（Theses on the Philosophy of History）[②]一文，深入探讨和揭示了该画所传送的讯息。该文写道： 1

> 历史的天使面朝过去。我们认为非常重大的系列历史事件，历史的天使却认为是场连续的灾难。这场灾难使牺牲者的尸骸不断堆叠，并被掷于他的脚下。这位悲悯的天使想要停下来，唤醒那些死者，修复破碎的一切。但是，从伊甸园刮来的风暴，猛烈地

① 瓦尔特·本雅明（Walter Benjamin，1892—1940），德国现代卓有影响的思想家、哲学家和马克思主义文学批评家。其作品包括《发达资本主义时代的抒情诗人》《单向街》等。——译者注

② Walter Benjamin，'Theses on the Philosophy of History'，*Illuminations*，Harry Zohn (Schocken，1968). 也可参见 https://en.wikipedia.org/wiki/Theses_on_the_Philosophy_of_History。——译者注

撕扯着他的双翅，使他无法展翅飞翔。这场不可抗拒的风暴，把天使推向他背对的未来，而他面前的尸骸越堆越高，直至天际。这场风暴，就是我们所说的进步。

本雅明对《新天使》的理解真是独到而深邃。在将近百年之后的今天，如果再次玩味和揣摩这幅名画，我们就会看到，历史的天使现在又在拼命挣扎。然而，我们也许会惊讶地发现，虽然这一次历史的天使的双翅还是和过去一样，被强大的风暴束缚，“无法展翅飞翔”，但是，他却改变了方向——掉了个头，他的脸从面向过去变成面向未来，他的双翅被风暴向后撕扯。而这次的风暴是从人们预期的和忧惧的未来的“地狱”刮向过去的“天堂”——在失落的伊甸园沦为废墟之后，人们通过回忆想象出来的天堂。

人们也许认为，通过把过去与未来各自的美德与邪恶——克利一百年前画出来的，后又由本雅明所指出的那些美德与邪恶——调换位置，就可以借这幅画来抓住和理解过去与未来。当下，正是“未来”因不可信、不可控而遭受谴责、嘲笑而成为失信者的时候，也正是“过去”成为可信者的时候。“过去”成了

（真正的或公认的）值得信任的对象，人们逐渐放弃了选择那即将破产的希望和未来的自由，更不再为之而努力。

*

正如哈佛大学斯拉夫比较文化教授斯维特拉娜·波伊姆（Svetlana Boym）所言，怀旧病（Nostalgia）是“一种‘损失－替代’情感，也是某个人自己幻想的浪漫”（p.xiii）。[①]在十七世纪，怀旧被视为一种可以治愈的情感疾病。例如，当时的瑞士医生就推荐用鸦片、蚂蟥和山地旅行来“治疗”怀旧。而“到了二十一世纪，这种一直存在的疾病逐渐演变成不可治愈的现代状况。二十世纪始于未来派的一种乌托邦，却止于这种怀旧病”（p.xiv）。她认为，眼下“全球都在流行这种怀旧病，越来越多 3
的人渴望拥有一种集体记忆的共同体情感，渴望在一个碎片化的世界中获得一种连续性”；这种流行病是“身处生活与历史加速剧变的时代中的人们的一种防御机制”（p.xiv）。而这种“防御机制”的实质，在于“承诺重建今天诸多有影响的意识形态一味主张的理想家园，引诱我们放弃批判思考，而代之以情感团结”。她还警告，“怀旧病的危险性在于它往往将想象的家园与实际的家园混为一谈”（p.xvi）。最后，她认为，“当前在整个世界范围内逐

① Svetlana Boym，*The Future of Nostalgia*，Basic Books 2001.

渐复兴的民族主义和民族主义者，是这种怀旧病的‘亢奋’变态，并最具有这种危险性特征。民族主义和民族主义者通过回归及借助民族主义的符号和神话，有时甚至通过把各种阴谋理论改头换面，而编造一种反现代的历史神话”(p.41)。

我认为，人们对于“其他地方”的事物，总是存在很多不同的情感，怀旧病只不过是其中之一种而已。不知到底从何时开始，人们开始发现人类行为具有可选择性；但至少自发现人类行为具有可选择性之时起，或者更准确地说，自发现人类行为是且不能不是一种选择之时起，这种情感就开始出现和存在了。而自发现处于某时某刻的这个世界，只不过是通过所有并非自然而是人为的设计、发明和创造的过去、现在和未来的、数量不可确定的可能世界之一种之时起，这种情感就一直颇为流行，并成为人类状况中难以割裂的要素。所以，波伊姆发现，在当下“全球流行的怀旧病”中，很多人试图寻求一种当下现实世界的替代物。在人类历史的接力赛中，“怀旧病的全球流行”已经接过以前那种“进步狂”的渐进却势不可当的全球流行的接力棒。

然而，这种对过去的追逐还在不间断地进行着。它可能改变方向，甚至改变跑道，但就是不会停下。弗兰兹 · 卡夫卡（Franz

Kafka）[1]曾试图描述和抓住这种操纵我们的、不可消除的、无法餍足的内在强制（imperative）：

我听到了小号的号音，并问仆人其为何意。他说不知道，也没有听到什么号音。于是，我要出去。但是他在门口挡住我，并问道："主人，你要去哪里？"我说："我不知道，我只是想出去，就是想出去。没有别的，离开这里，是我能够实现我的目标的唯一途径。"他又问道："看来你知道你的目标？"我回答说："是的，我刚才已经告诉你了。离开这里——这就是我的目标。"[2]

这种强迫症可能将继续如此下去，直至地狱冰封。

*

早在500年前，托马斯·莫尔（Thomas More）[3]就把人类回归天堂伊甸园或在地球建立人间天堂之千年美梦，冠以"乌托

① 弗兰兹·卡夫卡（Franz Kafka，1883—1924）是二十世纪存在主义的启蒙者，德国文学家、思想家。其作品既挟带着浓厚的阴郁色调，又透露出绝对合理的荒谬和诙谐。——译者注

② *Short Stories of Franz Kafka*，ed. Nahum N.Glatzer，Penguin 1988，p.449 (trans. Tania and James Stern).

③ 托马斯·莫尔（Thomas More，1478—1535），欧洲早期空想社会主义学说的创始人，人文主义学者、政治家，名著《乌托邦》的作者。——译者注

邦”(Utopia)之名。而在500年后的今天，这个概念通过否定之否定形成了又一个黑格尔式的正－反－合的三段式发展，正接近于形成其完整的圆圈。[1]莫尔认为，在那些由一个智慧而仁慈的统治者领导下的固定之地（topos，如一个城邦、一个城市、一个主权国家），才能实现人类幸福。但是后来的人们认为，要实现人类幸福的前景，就必须与这种固定之地相分离。也就是说，只有个体化、私人化和个人化才能实现人类幸福；人类的幸福不再寄托于那种蜗牛式的家园模式，而“附属于”人类个体。但是如今，这种看法又被它们雄心勃勃但未见丝毫成功地否定的东西否
5 定了。现在，各种“逆托邦”(retrotopia)[2]正在从莫尔式的乌托邦的双重否定——被拒绝之后的复活——中出现。前两次人们都是去那尚未诞生、因此尚不存在的未来中寻找人类的幸福，但是现在，越来越多的人正在从那已失去、被盗走或被抛弃却未死的

① 19世纪德国古典哲学家黑格尔认为，绝对理念是由许多逻辑规定组成的具体概念，其中各个环节彼此保持着不可分割的有机联系，每个环节都以别的环节及其相互关系构成自身的内容。由最初概念到最后概念的发展过程，一方面是从在前较低的概念出发，引申和推演出在后的较高概念的过程；一方面又是在后的较高概念更展开地说明和发挥在前的较低概念的过程。概念每向前发展一步，既是距开端越来越远的“前进”，又是越来越近地向开端的“返回”，最初者就是最后者，最后者也是最初者，最初概念是潜伏着的最后概念，最后概念是完全展开了的最初概念。发展的起点和终点合二为一，哲学就是一个自成一体的圆圈。黑格尔关于哲学圆圈式的发展观是建筑在唯心主义理论基础上的，并带有形而上学的封闭性。但是，在其歪曲的形式中包含人类认识曲折性的合理内容。——译者注

② “retrotopia”除了译为“怀旧的乌托邦”，又译为“逆托邦”“复古的乌托邦”等。——译者注

过去中寻找各式各样的乌托邦：

根据爱尔兰诗人奥斯卡·王尔德（Oscar Wilde）的看法，当我们到达天使之城、丰饶之地（Land of Plenty）之时，不应就此满足和停留，而应把目光再一次投向那最遥远的地平线，并重新升起船帆向前进发。他写道，“进步就是各种乌托邦的实现”。但是，遥远的地平线一片茫然，天使之城、丰饶之地隐藏在重重迷雾之中，静静等候。恰恰就在我们真的要承担起赋予这种富有、安全、健康的生活以意义的历史性任务之时，我们却埋葬了乌托邦。没有新的梦想来替代它，因为我们不能想象一个比我们已获得的世界更好的世界。事实上，在富裕国家中，很多父母——例如澳大利亚 53% 的父母、法国 90% 的父母——都认为他们的下一代以后将比自己更穷更苦，他们的下一代人中的贫穷人口比例也将高得多。

这就是罗格·布雷格曼（Rutger Bregman）在其近著《现实主义者的乌托邦》（*Utopia for Realists*）中所指出的。这本著作出版于 2016 年，副标题是“全民基本收入（UBI）、开放边界和每周 15 小时工作制方案”（*The Case for a Universal Basic Income,*

Open Borders, and a 15–hour Workweek）。[①]

当权者鼓吹私人化或个体化就是“进步”的观念，宣扬私人化或个体化地寻求改善生活的实践，并把它们当作“解放”来兜售，因此得到大多数从属者的拥护。当权者说，私人化和个体化可以打破以往严苛的从属和规训要求，使人们获得自由。但是，我们发现，这种私人化或个体化，却是以牺牲国家提供的社会服务和保护为代价的。受到蒙蔽的从属者数量巨大，并且还在不断增多，但是他们慢慢发现，这种解放始终是福祸参半、利弊并存的，它似乎是一种福祉，但被掺入了相当多的、仍在不断增多的
6 诅咒。对于从属者而言，遭受强制的确让人痛苦，但“解放”与“自由”带来的风险，同样令他们失去体面并感受恐惧和烦恼。现在，他们自我依赖、自力更生成了法定状况，而风险趁机充满其间。在以往的整合系统中，他们必须做出贡献，否则就会担心遭到惩罚，现在这种担心完全被因整合不足而产生的同样恼人的恐惧所取代。随着旧的恐惧逐渐被遗忘，新的恐惧变得越来越大、越来越强烈。原来的上升现在却被视为堕落，原来的进步现在却

① 参见 Rutger Bregman，Utopia for Realists：The Case for a Universal Basic Income，Open Borders，and a 15–hour Workweek，*The Correspondent* (April 15, 2016)。罗格·布雷格曼（1988—　），荷兰人，当今欧洲最杰出的青年思想家之一，不到30岁就已经出版4本历史、哲学和经济学著作。其著作《现实主义者的乌托邦》在荷兰引发了主张每个人即使不工作政府也应发放基本生活费用的“基本收入”运动，一时成为国际头条新闻。——译者注

被视为倒退，游戏中那些日益增多的并非出于本意的被利用的炮灰注定——或自我感觉——要失败。这使公众的心态出现了波动并发生了一百八十度的大转变：公众从原来十分关注减少世界的不确定性、希望改变未来那明显的不可信任，转而把希望寄托于他们仍依稀记得的过去，他们认为稳定、可信任而有价值的过去。随着这种转变而来的，就是未来从希望可期之天堂变成梦魇之地狱。公众担心和恐惧，如果走向未来，将失去工作甚至从属的社会地位，家庭财产以及其他生活物品和动产都将被“收回”，眼睁睁地看着自己的下一代的福祉和声望日益下降而爱莫能助，而自己辛苦学习和掌握的技能被剥夺了市场价值。因此，通往未来的道路如此吊诡地变成腐烂、退化的羊肠小道。人们可能因此乘机走上回到过去的道路，以避免未来的损害，并认为这早晚都会促进自己的福祉吗?

正如我将在本书中所主张的，这样一种转变已经产生了明显而广泛的影响，影响了人类共同社会生活的所有层面，影响了人类新兴的世界观以及这种世界观所暗示和孕育的生活策略。这种转变也影响了欧盟所进行的、把国家整合提高到超国家层次的先驱性实验。最近哈维尔·索拉纳(Javier Solana)对这种影响进行了分析。[①]而他的这一分析，只需稍加调整，就可以完全成为所有其他层面上出现的、回到过去的明显转向的深刻写照。这种转向在不同的层面会运用不同的话语和修辞，但都在进行各种极其相似的叙事。

正如索拉纳所言，“欧盟出现了一种危险的怀旧病症状。对‘过去的好时光’——在欧盟被认为可以冲击或超越国家主权之前的时光——的渴望，导致了民族主义政党的出现；而且，欧洲各国的领导人仍在试图用昨天的办法来解决今天的问题”。他还解释了为什么会出现这种怀旧病的原因，并结合最近出现的最剧烈、最引人关注的脱欧现象来阐明他的看法：

> 2008 年的金融危机，直接导致了欧盟中那些比较弱小的经济体失业率的急剧上升，特别是年轻人失业率的急剧上升，而比较强大的经济体也感受到了要求通过救援陷入困境的成员国家来“显示欧盟团结”的明显压力。当比较强大的经济体在提供那些援助时，他们要求受援国厉行节约，而这又阻碍了受援国的经济恢复。很少有成员国家感到满意，而多数成员国家都责难欧洲的一体化。

① https://mail.aol.com/webmail-std/en-gb/DisplayMessage?ws_popup=true&_wsuite=true.

他警告说，援助国以及所有成员国目光如此短浅，是一个致命的错误，使欧盟逐渐远离摆脱目前困境的、唯一正确的道路。他认为，我们完全有理由、有希望找到这条道路： 8

> 很多欧洲人感受到的经济上的痛苦，肯定是真实的；但民族主义者对其根源的诊断，则是错误的。诚然，欧盟处理这一危机的方式应受到批评；但是，欧盟并非全球经济失衡——及其2008年以来导致的经济动荡——的罪魁祸首。那些失衡是一种更加广泛的现象——全球化——的反映。有些人借口全球化已被除魅，主张回归保护主义，通过加强国家边界来实现所谓的太平盛世。还有一些人则惆怅地回忆那从未真正存在过的民族－国家，借口国家主权而拒斥欧盟的进一步整合。这两种人都怀疑欧盟统一的基础。但是，回忆使他们失败，向往误导他们。

*

我所说的“逆托邦”，就是前面提到的否定之否定——乌托邦的否定之否定——的产物。它与莫尔的乌托邦有一个共同的特征，即都是固定于特定领土范围内的主权独立和自治的城邦（topos）之上，似乎具有一种坚实的根基，因此可以提供和确保起码的稳定性，从而实现让人满意的自我保护和自信。但是，与莫尔的乌托邦不同的是，逆托邦却认可、吸收和整合了否定乌托邦的现实社会的“做出贡献，否则遭受惩罚”的原则。也就是说，逆托邦鼓吹秩序具有地方性、非终极性，并抛弃了“达致完美”的思想，也抛弃了无休止地不断变革的观念，并先验地使不断变革去合法化，排除其可能性（和合意性）。不过，逆托邦忠于乌托邦的精神，希望最终能够同时实
9 现安全与自由的协调，并因此获得自己的活力。而乌托邦以及对乌托邦的第一次否定，都不曾尝试——或者即使尝试过却没能——实现这一“壮举”。

本书的目的，就是简要概括莫尔之后现代乌托邦所经历的500年漫长的曲折旅程，揭示、描述和记录在乌托邦历史中新兴的逆托邦阶段存在的最引人注目的某些“未来往回走”的趋势，特别是共同体的部落模式复兴、向原始的自我（被非文化因素和不受文化影响的因素所决定的自我）的回归，以及从当前社会科学和大众意见中流行的、重要的、不可协商的、必要的“文明化秩序”中的撤退。

这三种与未来的背道而驰，当然并不是说要直接回归到

过去的实际生活模式，因为正如厄恩斯特·盖尔纳（Ernst Gellner）①让人信服地指出的，这是绝对不可能的。雅克·德里达（Jacques Derrida）指出，对以前状况（status quo ante）——在第二次否定之前就已经在实际中存在或在想象中一直存在的状况——的迭代（iteration）与对以前状况的重复（reiteration）是不同的。那么，它们显然是想对以前状况进行迭代，而不是对以前状况进行重复。以往的状况又在大脑中浮现，但在选择性记忆与选择性遗忘相互交织的过程中多多少少被更改。不管怎样，过去那些真实的或推定的层面，或者被认为得到了成功的验证，或者被不适当地抛弃，或者被随意地篡改，并成为在绘制去往逆托邦的路线图中重要的方向参照点。

需要说明的是，要正确地理解和剖析向往过去的逆托邦的浪漫，首先必须明确其间的顺序。波伊姆认为，革命之后，往往会流行某种怀旧病。1789 年法国大革命也是如此，不仅仅是旧制 10
度（ancien régime）导致了大革命，而且在某些层面，也是法国大革命产生了旧制度，给予旧制度一种形状、一种解脱感，一

① 厄恩斯特·盖尔纳，当代英国社会人类学家，其《思想与改变》是研究民族主义的经典之作。——译者注

个镀金的光环。然而，随着共产主义遭遇挫折，又出现了一种对于前苏联的想象，把前苏联想象为稳定、强大和常态的金色年代，而这种观点在当今俄国十分流行。[①]换言之，当人们在做怀旧之梦时，“回归”的通常并非过去本身，不是过去实际发生的事情，不是真实的过去，不是利奥波德·冯·兰克（Leopold von Ranke）[②]建议史学家去恢复和再现的东西。很多历史学家都想实现这个目的，但都虽闻名一时，却昙花一现。英国史学家E.H.卡尔（E.H.Carr）颇有影响的《历史是什么？》（*What is History?*）[③]就说：

历史学家必然是有选择性的。独立于史学家而客观存在历史事实硬核这一信念绝对荒谬，但却是十分难以消除的概念……过去常说事实为自己说话。当然，这不是真的。事实只有在史学家召唤它们之时才说话：正是历史学家决定了给出何种事实，以及这些事实在情景中的先后顺序。[④]

---

① Boym, *The Future of Nostalgia*, p.xvi.

② 利奥波德·冯·兰克，十九世纪德国客观主义史学创始人，西方近代史学的重要奠基人之一。——译者注

③ E.H.Carr, *What is History?*, Cambridge University Press 1961.

④ See http://howitreallywas.typepad.com/how_it_really_was/2005/10/wie_es_eigentli_1.html.

E.H.卡尔向他的专业同行兜售他的主张，并急切地敦促和要求他们去发现和传达这个真理，整个真理，也是唯一的真理。《历史是什么？》在1961年出版，并出现在人们的书架上。此时，人们开始普遍和广泛运用这种“记忆政治学”，为了政治（事实上是党派的）目的而武断地选择或舍弃特定的历史事实。不过，在 11
此时这种做法还多少有些犹抱琵琶半遮面。但是，正如乔治·奥威尔（George Orwell）①所言，随着“真相部”（Ministry of Truth）为了赶上快速变动的国家政策而进行令人毛骨悚然的活体解剖，并不断地“刷新”（改写）历史记录，这种做法已经成为公开的秘密。不管寻求历史真相的历史学家已选择了何种从业道路或追求旨趣，也无论他们已做出了何种努力来坚持自己的选择，他们的发现和他们的声音，都并非公共论坛上唯一存在的选择和声音。而且在公共论坛上，在所有竞争性的声音中，他们的声音并非最悦耳的，也不能保证被最广泛的听众听到。相反，那些拥有雄厚资源的竞争者，最无节操、最不谨慎的监督者和管理者，往往把事件的实用功利性置于真理之上，并作为使其叙事正确而远离错误的首要准则。

① 乔治·奥威尔，英国小说家和散文作者，其作品流露出独特的社会主义思想。其最著名的作品为预言小说《一九八四》和反对极权主义的讽刺小说《动物庄园》。——译者注

我们有很好的理由断定，因特网的发明必然导致这类“真相部”的衰落。但是，这并非意味着“历史记忆的政治学”迎来了黎明，如果这有什么积极意味的话，就是因特网使历史记忆的政治学变得更加可能，同时使更多的人能够使用这种政治工具，其潜在影响可能不会更加持久，但一定会更加强烈和更加有效。但是，这类“真相部”的死亡，即当权者裁定何为真理的绝对垄断权的丧失，并不会使专业的历史学家寻求真相的道路畅通无阻，也不会使那些“事件之真相”的伸张者向公众意识传递自己信息的渠道畅通无阻。如果“真相部”的死亡有什么影响的话，那也
12 是使这些道路与渠道更加凌乱、扭曲、危险和不稳定。

*

随着权力（曾经赋予领土主权国家的行事能力）与政治（决定把何事排上行事议程的能力）之间的鸿沟日益加深，通过设计并建设一个对人们之需要、梦想和渴望更为慷慨友好的社会，从而实现人类幸福的最初思想，逐渐在人们的视野中模糊，原因是人们认为没有任何一种机构可以胜任如此宏大的任务和应对如此复杂的挑战。恰如彼得·德鲁克（Peter Drucker）①坦言的，社会再也不可能一劳永逸地把各个个人

① 彼得·德鲁克（1909—2005），奥地利人，现代管理学之父，但其言论和政治立场属于保守派。——译者注

联结起来建设和完善社会本身，而个人期望获得社会的拯救也毫无意义。[①]他的这种想法，也许是受到了玛格丽特·撒切尔(Margaret Thatcher)的格言“别无选择”(TINA，There Is No Alternative)的启示。既然如此，那么正如乌尔里希·贝克(Ulrich Beck)精辟地指出的，接下来将要发生的，就是每个人都分别寻求、发现或设想个人的方案，来应对社会地产生的问题，并且在运用方案时只能依靠个人自己的智慧和个人拥有的技能和资源来解决社会问题，而现在人类已经处于这种状况之中。每个人自己的方案的目标，不再是要建设一个更美好的社会，而是要改善自己在这个实际上显然无可救药的社会中的位置；不再是通过集体努力进行社会改革并从中获得回报，而是通过个人之间的争斗实现个人对战利品的占有。

*

逆托邦的情感与实践在诸多层面都与未来背离，并将产生广泛而深远的影响。本书以下各章旨在细陈其背离，揭示其影响。

① Peter Drucker, *The New Realities*, Butterworth-Heinemann Ltd 1989.

第二章

回到霍布斯？

第二章　回到霍布斯？

“我们正在回到霍布斯所说的一切人反对一切人的世界吗？”这 13
是我们时代的一个标志问题。你通过阅读最近数量快速上升的各种预测（其中有些伪装或打扮成诊断），并按照预测的方式，从最新近的、最常见的新闻提要中进行推断，就多多少少可以领会这个问题中的意涵。直到不久前，托马斯·霍布斯（Thomas Hobbes）①笔下的利维坦（Leviathan）都被认为不会辜负其预期的使命，能够抑制人性内在的邪恶与残忍，并因此使人们之间能够友好相处，使生活不再那么艰难，寿命更加长久，从而改变国家产生之前那种“肮脏、野蛮和短暂”的生活状态。但是，现在人们越来越不相信它们能够适当地完成或有能力胜任这一工作。人类特有的攻击性一次又一次地导致了一种暴力倾向，而这种攻击性似乎从来都没有减轻过，更别说被消除了。它是如此的活跃，随时准备着发威，有时临近爆发时才有征兆，有时甚至毫无征兆。

① 托马斯·霍布斯（1588—1679），英国政治哲学家，其《利维坦》（1651）奠定了西方政治哲学发展的根基。利维坦原意是强大的怪兽或恶魔，后来被霍布斯用作强势国家的代名词。——译者注

有些人认为，“文明化的过程”一直以来都是由现代国家设
14 计、引导和监督的，但现在看起来越来越像诺伯特·埃利亚斯(Norbert Elias)[①](有意或无意) 所描述的，是一种人类礼节举止(manners) 而非人类能力、倾向和冲动的改良过程。在文明化的过程中，人类的暴力行为被排除在视野之外，而不是从人类本性中根除，以及被“外包”“合同承包”给专业人员（即所谓的专门实施暴力的国家暴力机构人员)，或者“下放”给那些次要的、“不干净”的人们——例如奴隶、身体受束缚的农奴或者奴仆（可以说，他们只是替罪羊，那些可耻的、残暴的侵略罪行都被转嫁到他们的头上了)。这一过程与许多世纪之前印度通过其种姓制度而完成的过程实质上别无二致。这种种姓制度贬低诸如屠宰、清除垃圾、处理动物尸体和人的废弃物之类的各种工作，视其为不洁、卑污的劳动，只能由那些“贱民”来完成。而这些贱民是种姓系统之外的另一个种姓，即所谓的“第五等级”(Panchama)，他们没有任何获得回报的权利，属于等级外的等级，处于社会之外（或之“下”)。更准确地说，他们在社会中根本就没有任何地位，社会其他成员相对于他们而言，不需要任何道德或行为约束，

① 诺伯特·埃利亚斯（1897—1990），犹太人，生于德国的英国社会学家，著有《文明的进程》等。——译者注

而他们完全受到作为社会主体的四大种姓的监视。印度社会大多数人属于那四大种姓。这种第五等级，与最近再生的“下层阶级”十分相似。贱民是属于阶级系统之外的一个阶级，并因此处于阶级社会之外。“文明化的过程”的“文明化”功能，就在于终结在公共场合公开执行死刑、示众或恐吓，以及把血腥宰杀动物的工作从餐厅——动物被吃掉的地方——转移到就餐者即使会也很少到访的厨房；或者，就此而言，文明化的功能，就在于在每年一次的猎狐大典上，同时庆祝人类天生的主宰地位和对动物所谓的道德优越性。欧文·戈夫曼（Ervin Goffman）[1]可能会在文明化 15
的功能清单上，再加上“礼貌性疏忽”（civil inattention）一项。所谓“礼貌性疏忽”，即指一个人在与他人共乘一车或共处牙医候诊室时，把自己的目光从陌生人身上转移到人行道上的艺术。“礼貌性疏忽”所发出的信号，就是回避参与同陌生人的接触和互动，以免出现难以控制的、让人讨厌的冲突，并因此避免自己“人性中存在的兽性”被尴尬地公开，这种内心的野兽需要被关在笼子中，用锁锁着，封闭起来不被别人看到。

借助诸如此类的策略和措施，人性中那霍布斯式的兽性，虽

---

① 欧文·戈夫曼（1922—1982），美国社会学家，拟剧理论与符号互动理论的代表人物。——译者注

然经历了现代礼节改良的过程，却仍然没有被驯服，它原封不动地存在，仍然具有原始的、强大的、残暴的、粗野的形式。文明化的过程试图虚饰它或者“外包”它（例如把对它的攻击性的展示从战场挪到球场），却不去修正它，更别说驱逐和根除它了。那只野兽蛰伏着，意欲伺机扯掉传统的体统和礼节那件薄薄的外衣，那件隐藏而不是超越或遏制邪恶和血腥的外衣。

蒂莫西·斯奈德（Timothy Snyder）[①]对大屠杀（Holocaust）的可怕经历和消极影响（以及从事罪恶勾当者众、表现和践行“道德的本能”和“人性之善”者少这一事实）进行了新的理解和评价。他指出：

> 也许我们认为，在将来的某些灾难中，我们将是拯救者。然而，如果国家被摧毁，地方性的组织和制度崩溃腐烂，屠杀有了
> 16 经济激励，那么我们当中很少有人会再从事善行。也很少有理由认为，我们在道德上会优于二十世纪三四十年代的欧洲人，或者就此而言，更容易受到类似于希特勒的那种成功宣传的影响，并去积极实现那种思想。[②]

① 蒂莫西·斯奈德，美国耶鲁大学历史学教授，集中关注和研究中东欧的历史和人类社会发生的大屠杀。——译者注

② Timothy Snyder, *Black Earth: The Holocaust as History and Warning*, The Bodley Head 2015, p.320.

第二章 回到霍布斯?

人们以为，对社会进行设计和管理，一劳永逸地把“海德先生”（Mr Hyde）赶出“杰基尔医生”（Dr Jekyll）的身体[①]，是一项伟大的壮举（即使这一社会工程还没有产生明显的影响，至少我们确实试图如此）。但是，这完全是自我安慰，看起来也越来越像道林·格雷（Dorian Gray）式的美容手术——意在颠倒事实及其外在表现的位置。[②]如果应用于真实的生活，这种美容术往往需要有规律的定期重复，因为通常情况下，每次美容手术的有效期都很短暂。我们逐渐意识到，不是进行一次保持冷静、礼貌和距离的，一劳永逸的、破釜沉舟的总决战，就能实现反抗暴力的目标，而是需要我们自己进行一系列无限期的、“主动的”反制措施。我们似乎正在设定这样一种前景，即一场“好的暴力”与“坏的暴力”双方持续战至精疲力竭却永远不会取得决定性胜利的战争。“好的暴力”，主要是指维持治安的暴力。“坏的暴力”，则是指为了非法律目的而实施的暴力，其往往会违背法律、破坏秩序，使法令无法实施而失效。而“坏的暴力”之所以是坏的，还在于其阴险地诱惑并促使实施“好的暴力”者，去采纳它的敌

① 在罗伯特·史蒂文森（Robert Stevenson）的小说《变身怪医》中，主人公杰基尔医生白天救死扶伤，受人尊敬，晚上则化身为邪恶的海德先生四处作恶，并因此终日在愧疚与快感之间徘徊挣扎。——译者注

② 道林·格雷是英国作家奥斯卡·王尔德（Oscar Wild）的小说《道林·格雷的画像》中的主人公，英俊潇洒，为了永葆青春不惜出卖自己的灵魂，让自己的画像代替自己变老，自己则耽于享乐。——译者注

人（坏的暴力）的工具和策略。因此，以往设想的、免于暴力的最美妙的乌托邦，似乎也最遥不可及。

我们如何解释，为何我们思考暴力现象的通常方式总是那么难以转变，难以发生根本而重大的转变？这种转变似乎本可发生，因为通过无孔不入的媒体，运用美国传媒巨头威廉·伦道夫·赫斯特（William Randolph Hearst，1863—1951）所谓的吸人
17 眼球的新闻秘籍（新闻应如开水冲泡的新鲜咖啡），通过文字不断引起我们的注意，就可以抑制暴力行为的突然爆发。以前人们认为国家的边界就如不可逾越的城墙，但是现在在持续的全球化过程所激起的、不断高涨的大潮的反复冲刷下，这座城墙已经变得千疮百孔，极易渗透。那么我们可以认为那些明显可见的、可以感知的暴力的爆发，是这种边界的产物吗？随着各个国家在不同程度上，甚至在根本上抛弃它们过去所垄断的强制工具，也放弃了使用这些工具的意图，国家的实践也出现了转型，而这种转型必然导致了思想的转变？保持秩序的强制是合法强制，而扰乱或损害那种秩序的强制是非法强制。二者都是赋予精心选择、十分确定而毫不含糊的固定代理人的特权。怀特海（Alfred North Whitehead）认为，有些问题属于“本质性争议”，而这些问题

在不断地增多。划分何为合法强制、何为非法强制的权利，也属于这类问题，围绕这种权利的争执将会长期持续下去。马克斯·韦伯（Max Weber）关于国家的理想类型认为，国家排他性地占有强制惩罚的工具。而斯奈德的概念框架则认为，国家会失败、衰落或者崩溃，在实践中会出现一种“无国家领域”。我认为，当代国家就处于由这两个极端类型构成的连续谱的某一点上。

*

权力斗争的首要利害或根本目标，就是划分（以及根据需要而随意划分）合法的与非法的、许可的与禁止的、法定的与犯罪的、可容忍的与不可容忍的强制惩罚的界线的权利。毕竟，拥 18
有了这种权利，也就界定了权力的归属；而能够使用这种权利，能够运用它来制约他人，也就确定了支配的特征。自《利维坦》（*Leviathan*）出版后，确立和实施这种权利，就是政治领域的主要内容，是代表政治团体（political body）的政府的特权，也是政府要实现的任务。不久以后，这种看法又不断得到重申和广泛传播，特别是得到了韦伯的确证（例如，他根据垄断强制工具及其使用来界定政治国家），并在社会学和政治学界获得了十分经典的位置。但是，列奥·施特劳斯（Leo Strauss）[①]站在我们的流动现代性时代的门槛上，对关于人类状况的历史决定论的核心思想进行了讨论，并发出了如下的警告：

前景的变化从来都是出乎意料的，在将来也会让人吃惊。这种变化会快速地修正先前获得的所有知识的意义。没有任何关于整体的看法，特别是没有任何关于人类生活的整体看法，可以主张自己是终极的和普遍有效的看法。每种学说，似乎最终迟早都会被另一种学说取代。(p.21)

人类的所有思想都有其宿命，都依赖于思想不能主宰掌握的事物，思想并不能预测它的运行轨迹。(p.27)

正是由于宿命，思想在早前无法依赖于命运，而现在这种实质性依赖则得到了实现。(p.28)

19 我发现，施特劳斯的推理建立在另外两个人更早的、权威性的和创新性的看法的基础之上。其一是黑格尔（Hegel），他提出了智慧女神米勒娃（Minerva）的猫头鹰只有随着黄昏的降临才

① Leo Strauss, *Natural Right and History*, University of Chicago Press 1965[1950].

展翅飞翔的思想；其二是卡尔·马克思（Karl Marx），他提出了人类创造历史但必须根据一定条件而不是随意创造历史的思想。这三种看法都认为应对霍布斯的国家观——国家是其受监护人的安全保证人，是其属民抵挡人类固有的（本能的和冲动的）野心的唯一依赖，因此也是有效防止其他人或机构都无法控制的暴力的唯一依赖——进行彻底修正。以前人们认为，国家是人类安全的首要保证，反抗暴力的唯一保障。而他们甚至——隐讳地——认为，国家是现在四处弥漫的不安全、容易受到暴力伤害的气氛的首要因素或操控者之一。

当今最重要、最尖锐、最直言不讳的文化和社会批判家之一亨利·吉鲁（Henry Giroux）在《每月评论》（*Monthly Review*）发表的《美国沉迷于恐怖主义》（America's Addiction to Terrorism）一文深刻地指出：

> 这一恐怖主义系统，形成了一种正在毁灭这个星球、所有公共产品和民主感的系统性暴力。并且，它不再通过意识形态，而是通过建立一个惩罚性的国家来控制它自己。在这里，对金融精英及其所控制的国家产生威胁的所有事物，都日益被有罪化……

> 新自由主义将暴力注入我们的生活，将恐怖注入我们的政治。[1]

我想补充的是，反之亦然，即新自由主义将暴力注入政治，20 将恐怖注入我们的生活。而且，我之所以用“我们的”一词，是想强调，在一个因信息高速公路而纵横勾连的世界中，独立于其他民族将面临可怕的命运，而独善其身也是根本不可能的。在南北回归线之间的魔鬼地带，很多国家崩溃瓦解了，成了一片废墟。居住在那里的人们，身心备受新自由主义注入的恐怖和暴力的摧残和煎熬，表情呆板目光僵滞。他们来到我们的家园歇脚，感觉是那么的突然和冒失。他们出现在我们的住宅附近，并且以前从未如此接近过我们的家，让人极不舒服。这是一个不可忽视的信号，一次又一次地、越来越频繁地挑战和蔑视我们的防御倾向，这种倾向就是要扼杀、悬置和压制一种我们与他们都是一样的平民、具有相似命运之类可怕的念头，并把它们消灭在潜意识状态。因此，我所说的被注入恐怖和暴力的生活，也是指我们这些每天都珍爱和享受“法治而有序”的小生境——自己的国家——的安乐的人，生活也面临恐惧与暴力的威胁。但是，在我们意识清醒的时刻，对国家的怀疑和不好的预感，就不可阻挡地从被放逐的

[1] See https://thisishell.com/guests/ henry-giroux.

潜意识深处重新回到我们的心中。

简言之，由于长期的不可预测的命运转向，人们认为国家这个利维坦逐渐破产了。那些寻求安全的人，以前期待国家有力量（真的或者假定能够）保护他们的安全并进行各种投入，但是国家却辜负了他们的期待，无法为他们提供安全保障回报。国家越来越显示出，它本身不能保证它所划定的合法暴力与非法暴力之间的界线的可靠性，再也无法保证这一界线的强制性、约束力、不可侵犯和不可逾越性。

波恩国际转换中心（BICC），是一个以军转民为目的的组织。2016年3月，该组织的马克斯·M.穆奇勒（Max M. Mutschler）在其工作论文中指出： 21

> 西方国家在进行军事干涉时，越来越倾向于不再使用地面部队。他们越来越依赖于通过一个复杂的军事技术网络，包括现代地面攻击飞机、无人飞行器（UAVs）、精确制导武器、基于空基甚至天基的信息感应装备，进行精确打击；所有这一切，都通过现代信息技术而相互联系在一起。①

① Max M.Mutschler, 'On the Road to Liquid Warfare?', BICC Working Paper, 2016.

穆奇勒把这种背离传统作战方式的创新，追溯到权力的不断去疆界化，以及权力的不断的聚集。他说：“自由移动，如果有必要甚至可能移出他人能够到达的范围，以放弃对他人的责任，是我们这个时代的权力的核心特征。”

在我所称的流动性战争中，现代国家回避控制和管理领土的负担和责任，因为它们认为它们在处置这些地方时，有更多的更划算的控制方式。现代军事技术使它们能够决定在何时何地进攻、高精度地打击敌人，同时不会遭到任何有意义的反击。它们依靠打了就跑的策略，多少有点类似于游击战的核心原则，在游击战中，运动和速度而非数量和规模，才是制胜的秘诀。

把权力从地域中解放出来，经由全球化过程（尽管还远未完成），对霍布斯所描述的利维坦的常设功能、全能国家假设（及其可成立性），都造成了严重的根本冲击。霍布斯的利维坦是现代国家努力模仿的模型和目标，但其被设想为一个沉重、笨拙而具有
22 惰性的机体，要建立在坚实而固定的地面上。从本质上看，霍布斯的利维坦是一种“反对流动性”的奇特设置。国家一旦被建立

起来，就根本不可能“打了就跑”。一个拥有多孔、极易渗透的领土边界的利维坦，从字面上说起来就极其矛盾。然而，这种边界的多孔性和可渗透性，已不再是一种地方的和偶然的失常和偏差，而是新世界秩序（失序）的常态。这是政治继续保持其地方性，而权力不断全球化的过程中所孕育和产生的常态现象，并通过战争以及为战争服务的技术的“流动化”而得以可能，并得到维持和不断再生产。政治尽管仍是利维坦式的现代国家之首要的、垄断的职业（métier），但是已经被拔掉了牙齿，难以像从前那样绝对保有极其任性、桀骜不驯和难以制服的权力，而取而代之的假牙本身又显得非常脆弱和容易碎裂。

结果就是，利维坦已经失去划定区分合法暴力与非法暴力之间的界线的垄断权力，这种只不过是纯粹形式意义上假定的，在实际上被共同认可的权力，已经失去了。但由于惯性，它仍然继续在标示并试图（或假装试图）巩固和加强这些在理论与实践中不无争议的界线。更糟糕的是，它已经把重新拥有已失去的垄断权力作为其中心任务，作为其最重要的存在理由；之后，它又身不由已地（但也是主动地）推动、迫使、强制自己，放弃以前为了绩效表演而积极采取和遗留的责任，或者下放给

那些它们不再干涉而让其自治的力量，让其“外包”这些责任，
并通过这些策略而使它还没有一同放弃的任务服从于中心目标。
23 由于所有这些偏离，政府出于所有实际的目的和打算，已经放
弃一个防御者和安全担保人的角色，而成为共同导致人类永远
的不安全、不确定和无保障状况的众多动因之一，并且也许是
其中最有效的一个动因。

这些导致不安全、不确定性和无保障性的动因，的确是多种多样的，但其中大多数，甚至可以说所有的都萌生于同一根源，即人类状况的彻底全球化。本雅明·巴贝尔（Benjamin Barber）认为，领土和名义主权国家是历史地形成的，目的是实现自治和独立于外部权力，并承担保证领土边界内安全的任务（现在已被认为不可行）。但是，全球化现在极易悄悄逃出国家的控制，并一点点地萌芽和壮大，甚至直接无视国家的任何监视意图。全球范围内的相互依赖性，无法控制地、完全不可逆转地持续进行着，国家要使自己兑现所有那些任务，已经是完全不可能了。这是一个大势已定、预料之中的结局。

我将指出并简要描述其中某些动因。我先从价格日益便宜，也容易获得和隐藏的致命武器充斥我们这个星球开始。

*

在2003年，大赦国际（AI）、国际小型武器行动网络（IANSA）和牛津饥荒救济委员会（Oxfam）共同发起了“控制武器”运动，并痛陈当今全球武器贸易形势[1]：

> 武器控制的缺失，使得某些人能够从他人的痛苦中获益。但 24
> 是，国际注意力聚集在对大规模毁灭性武器的控制上，而传统武器贸易依然合法，属于道德真空状态。越来越多的国家正在开始生产小型武器，很多国家没有能力或者意愿去调控和规制小型武器的使用。联合国安理会常任理事国美、英、法、俄、中支配着全球武器贸易。大多数国家的武器控制措施都是漏洞百出，或者完全没有实施。关键的问题是，对武器贸易中介，授权许可生产和武器的“最终用途”的控制十分松散。对枪支所有、管理和使用权的控制日益弱化，使它们落入了不该拥有者的手中。

在十年后，出现了严重的经济崩溃。但是《卫报》（*Guardian*）在2013年3月2日报道说：“尽管经济下行，但对

① In *The Arms Bazaar: Shattered Lives*, Control Arms Campaign, October 2003, ch.4, p.54. 这里引自 www.globalissues.org/article/74/the-arms-trade-is-big-business#Asworldtradeglobalizessodoesthetradeinarms。

于世界最大的军火商而言，其生意照样好，这些公司已经见证了 2010 年武器销售和军事服务的上升，并且销售额已经超过了 4 000 亿美元（约合 2 500 亿英镑）。”[①]而两年多后的 2015 年 8 月，大赦国际报告，估计有 8.75 亿支小型武器和轻型武器在全世界流通，平均每年生产的小型武器在 70 万到 90 万支之间。[②]

伟大的剧作家安东·契诃夫（Anton Chekhov），因其作品精湛的现实主义而被广为称颂。他的作品是一座现实主义高峰，现实主义是他的标志特征，他也因此获得了世界性的声誉。有很多有抱负的剧作家，都竭力想获得他那样的诱人成就，急切地想知道如何使自己的梦想变成现实。对于这样的人，他建议道：如
25 果在戏剧的第一幕，墙上挂着来福枪，那么在第三幕就应响起它的枪声。要想在每年生产近 100 万支小型武器的情况下，不会听到太多的枪声，将是徒劳的。我们生活在一个以实用主义为最高理性的世界中，这是一个“我能干，因此我要干，我愿意干就干”的世界。这是一个韦伯所说的“工具理性”思想被颠倒的世界，不是为了目的而去寻求最有效的手段，现在手段本身就是目的，寻求（且常能实现）工具的实际应用就是目的。这种实用主

① www.theguardian.com/news/datablog/2012/mar/ 02/arms-sales-top-100-producers.

② *Small Arms Survey*；see https://www.amnesty.org/en/latest/news/2015/08/killer-facts-the-scale-of-the-global-arms-trade.

义完全符合我们消费主义世界的期待，并且我们完全有理由说，它已成为消费主义世界不可分割的一部分。这个世界中的生产是强制性的，并希望通过生产来创造和培育强大的新的需求，而不是回应和满足已经存在的需求，这种消费主义世界的确会魔法般地创造出某种需求，而且常常从虚无（ab nihilo）中创造出这种需求。

用雷区作为比喻，可以充分而形象地揭示我们今天共同面临的消费主义状况的面相。尤里·洛特曼（Yuri Lotman）（虽是在不同的背景下）设计和应用了这种雷区。他是一个爱沙尼亚人，对雷区进行了人类学和历史文化分析。关于雷区，我们所知道的当然是它们安设了密密麻麻的爆炸物。我们可以合理地猜测的是，在雷区，爆炸迟早会发生。但是，我们无法知道爆炸具体会在何时何地发生。由于不能预测爆炸的时间和地点，应对和避免发生可怕的爆炸状况的唯一有效措施，就是绝对不要挖掘这些区域。这本身是合理的想法，但在我们当下状况中只不过是白日梦。

的确，这是白日梦。因为世界上的军工产业综合体是如此的 *26*
巨大，在当下完全不受政治控制，也不会停止攫取巨额利润，世界各国政府更无法抗拒繁荣军火产业使其就业数据不再下滑的诱惑；还有，一些国家的政府不敢不顾这些因素，对枪支和爆炸物进出口进行各种限制，从而四处树敌，而世界的犯罪分子不会错过从这些政府获取利益的机会。另外，还有一些“小型武器”拥有者，特别是他们肆无忌惮的宗教导师或命令发出者发现，在当今世界，由于全球媒体的存在，可以把哪怕是某个小镇上发生的最小的事件渲染和扩大成全球“实时”可见可听的大事件，于是他们反复利用这些小事件以零附加成本制造“全球性”的令人震惊的恐怖事件，并使世界各地、每个角落的生活都处于永远的危险和紧急状态。他们无法抗拒这种由全球媒体提供的诱惑，竭力获取各种武器。而使消除雷区成为白日梦的最根本原因，就是世界各国（以及处于顶端的联合国）都越来越相信以暴止暴，使武器越来越多、越来越容易获得，是应对武器泛滥所导致的伤害的最好办法。

*

27 而且，还存在一种“盲目模仿”（copycat）现象，在很大程度上这种现象是由那些执着于评级并乐此不疲的媒体所造成的。这种模仿遵循与时尚一样的模式。与时尚一样，这种模仿竭力调和两种不可调和的人性，从而同时满足相互矛盾、目标迥异的两种人性，即执着于社会性与执着于个人性、追求内在归属与追求外在突破的两种欲望，来获得不可抗拒的吸引力。格奥尔格·齐美尔（Georg Simmel）发现了并深入分析过这种模仿意图的二重性及其行为影响后果的矛盾性。①但是，关于内在于时尚之中的永恒的重复与创新之间的矛盾的阐述，最早可以追溯到加布里埃尔·塔尔德(Gabriel Tarde)。②他认为，当人类行动者在面临一个具有风险性的选择时，往往会寻求一种适当的、万全的方法(safe bets)，从而导致重复性或模仿性；而每个人类行动者都十分渴望自己是独特的、自主的，从而导致了创新性。

然而，自塔尔德和齐美尔以来，模仿的机制、影响和作用已发生了很多变化。而且，新的“盲目模仿”概念，直接指向和抓住了人类存在方式的其他永恒属性最近所发生的那些变化。我们所讨论的这些创新性，都根源于最近交流和沟通方式的革命。对于这一点，社会传播学家伊莱休·卡茨（Elihu Katz）等人在《加布里埃尔·塔尔德的回声：百年后我们所知的改善与不同》(*Echoes of Gabriel Tarde: What We Know Better or Different 100*

① See Georg Simmel, ‘Fashion’, *American Journal of Sociology*, 62, May 1957—http://sites.middlebury.edu/individualandthesociety/files/2010/09/Simmel.fashion.pdf.

② See Gabriel Tarde, *Law of Imitation*, H.Holt and Co.1903 (trans. Elsie Clew Parsons) (French original published in 1890).

Years Later）一书中进行了详尽的分析。[①]当然，这些创新并不是完全彻底的创新；它们是对信息来源、个人意见以及随之产生的行为之间的圆周运动进行的量的而非质的变革。但是，我们不得不承认，因特网的到来所激起的量的变迁，其规模是如此的宏大，
28 以至于相当于发生了一种新的质变。常言道："不发生作用和影响的变化，就是没有变化。"但是，这种量变已经"发挥了重要作用，产生了不同的影响"[②]。尽管如此，不可否认而值得称颂的是，塔尔德当时就已经指出，出现了一种能够导致一个世纪后的今天的质的背离的模式。正是塔尔德使这种模式在出现和成熟之前很久就被社会科学明确地认识到，使人们再也不可能忽视它的存在。正如卡茨在《加布里埃尔·塔尔德的回声》一书导言中所指出的："塔尔德意识到，群众（crowd）正受到一种围绕日常新闻而完全自我组织的新社会形构（formation）的压制。'公众'远非一种

① Elihu Katz et al., *Echoes of Gabriel Tarde*: *What We Know Better or Different 100 Years Later*, USC Annenberg Press, 2014.

② 这一陈述或观点，通过转述后听起来很是平淡无奇，但是常常被认为是威廉·詹姆斯（William James）实用主义哲学的先驱，但是这种转述实际上是从他的主张中消除了几个步骤。在《什么是实用主义》一书的第二讲中，他说："任何不起作用的地方，也就没有差别。"在该书同一讲中，詹姆斯把他主张的渊源追溯到查尔斯·皮尔斯（Charles Peirce）的《如何阐明我们的观念》一文（'How to Make our Ideas Clear'，载1878年第一期的 *Popular Science Monthly*）。在该文中，皮尔斯指出，"我们的信念就是行动的准则……要阐明某种思想的含义，我们只需确定其会产生或引起何种行为"。而这种思想，导致维特根斯坦（Ludwig Wittgenstein）把"理解"界定为"知道如何继续"。See also http://theblogofciceronianus.blogspot.co.uk/2013/11/differences-that-make-nodifference.html.

身体组合，实际上是一个分散的人群，他们吸收了传媒的日常议程，然后身体在咖啡馆、沙龙中相聚和组合，并讨论当下事务和形成公众意见。”

然而，凭借事后诸葛的优势，我们现在能够发现，决定性的、创新性的和至关重要的一步，就是“集体意见”与其携带者和促成者的身体接近性相分离，而这一步只有在我们今天的时代才能形成和实现。今天，意见形成过程的每个阶段，原则上都不再需要一群人口密集的大众进行面对面的、密切而频繁的身体接触。这种变化，预示着公共领域的转型成为可能，并且极有可能发生转型。我们对于公共领域转型的深刻性和多种后果的承认，则需要经历多次量的改变；而这种量的改变常常太小，以至于不能被
立即发现和记录下来，因此也不被看到和欣赏。多少年来，塔尔 29
德的思想似乎完全被尘封于学术性的图书馆中，其著作得不到人们的光顾，封面积满了厚厚的灰尘。他的思想正是由于以往长期得不到关注，在当前的学术讨论中反而十分引人注目。也许，正如法国社会学家和传媒学家布鲁诺·拉图尔（Bruno Latour）所言，塔尔德“需要另一个不同的世纪才能最终为人们理解”，卡茨也对此表示赞同。

我们现在就处在那个“不同的世纪”中。个人与群体之间的关系，也就是追求归属的安全动机与追求自治的自我形构的魔力之间存在的一种爱－恨关系，在这种关系中人们时而寻求团结，时而又寻求分离。而现在指引这种矛盾关系的各种动机，可能已从通往一个完全不同的世纪的通道中出现了。但是，正如英国社会学家和传媒学家约翰·B. 汤普森（John B.Thompson）[①]在20年前所指出的，“交流和沟通媒介的发展，创造了各种新的行动和互动形式以及新的社会关系类型，它们具有与面对面互动十分不同的新特征”(pp.81–82)。

各种新的交流沟通和互动形式及其沉淀形成的各种新的社会关系，具有一种元特征——所有其他特征的母体特征，就是“超距离行动”的日益兴盛。这种超距离行动的后果，就是汤普森所说的“被调节的或以媒体为中介的公共性”(mediated publicness)，一种“个体、行动和事件”“不再相互联系并共有一个共同的地方场所”的“公共性”(p.126)。汤普森认为，这些相对新型的行动形式可以划分为两种类型：一种是“被调节的或以媒介为中介的互动”，其特征是“可供互动参与者使用的诸如眨眼、手势、皱眉和微笑等符号性暗示的日益减少”；另一种是“被

① Thompson，*Media and Modernity: A Social Theory of the Media*，Polity 1995.

调节的或以媒体为中介的准互动”，其特征在于“为不确定范围的 *30* 潜在接收者传播所产生的信息”(pp.83–84)。新的交流沟通媒介，特别是日益便捷和大众化的互联网，通过各种体积小巧的便携式的接收终端，可以实现一周七天、一天二十四小时的即时沟通。我认为，这些新的交流沟通媒介及其与盲目模仿现象最为相关的一个重要特征，就是它们使一种“协调的但非协同的（concerted but uncoordinated）反应性行动”实践成为可能(p.113)。我们认为，正是它们的这个特征，使得一口气生产无数过去常见的“瓶中信”成为可能，并成倍增加了这些信息被发现、捞起、打开、阅读和实施的机会，使那种协调的但非协同的行为变得完全可能，并且使这些行为完全可能同时发生。总之，新的交流沟通媒介使信息的生产、传播与处理变成一件不费吹灰之力的事情，也使得人们难以抵挡它的诱惑，而利用新的交流沟通媒体来传播信息与展开行动。

不过，可以理解的是，由于汤普森上述研究是在20年前进行的，所以他关于新交流沟通媒介的分析，主要是以电视作为例子的。对于电视而言，信息提供者与接收者之间存在明显的区别，双方的交流完全是非对称性的。更进一步说，二者之间的意图实际上更加具有非对称性，因为电视实际上实现了笛卡尔所说的积极设计的主体与被动响应的客体之间的区分。我想，如果汤普森的研究是在因特网产生了“超距离行动”这种最新的创新性实践之后进行的，那么他一定会多多少少转移他的关注点，并发现这种超距离行动内在的互动性已经在很大的程度上（这种程度也许还会提高）弱化、消除了笛卡尔关于主体与客体之间的明显区分
31 而使之平行并存。这种创新对人类聚集形态产生了深刻影响，而且随着这种影响日复一日变得越来越明显，其受到的质疑也逐渐减少。所谓“公共性”，即是指一种人们都可以进入的公共空间，在这个公共空间中至少在原则上每人都可以展示自己的思想或观点，让他人知道、讨论，并得到赞成或遭受反对。在讨论“公共性”的前景时，汤普森认为在他那个时代，“媒体行业不断兼并、收购和形成交叉所有权，从而导致资源的大规模集中。……而作为公共性的符号性环境是由这些大规模的资源垄断者形塑和建构的”（p.236，p.241）。

在今天，这一结论似乎与20年前一样的正确。不过，因特网的出现，使由电视支配符号性环境的过程又出现了一种新的趋势。也就是说，尽管媒体集团的权力在不断增强，但这个资源

耗散过程协助建立了“受规制的多元主义”的体制。汤普森曾主张应把受规制的多元主义作为指导“公共性再造”的适当原则(p.240)。多元主义已经形成，并且的确日益受到规制。然而，这种规制存在一到两个关键缺陷或限制。其中之一是，与当今世界中人类其他诸多层面（例如，炮制个人方案来应对社会地产生的问题，或从有组织的宗教提供的一切中组成一个“我自己的上帝”等等情况）一样，规制的任务已经被“下放”，留给个体自由裁量。它已经沦落为安东尼·吉登斯(Anthony Giddens)所说的“生活政治”领域。但是，承蒙因特网的帮助，生活政治不仅进入了公共领域，也攻克和征服了公共领域，赢得了一种不再遭受质 32
疑的、被广泛支持而非怨恨的支配地位，实现了在日常生活中的再生产。另一个缺陷或限制则是，十分吊诡，我们所讨论的新兴的多元主义是无数个体意图“规制”（通过减少甚至完全消除来驯服）那些蛊惑人心的不和谐音的派生物；而这种多元主义本身无疑又会孕育和维持不和谐音；换言之，这种多元主义是无数个体试图使难以消化之物变成美味之物，并把混乱降低到可理解程度之派生物。

一个因为透明与确定性而宁静之小岛，把它的居民（不仅仅是一个船舶失事后幸存下来的居民，或者一个怀疑并担心可能的海事灾难的居民）与极其模糊的多元主义汹涌大潮切断开来，真是切中要害：觉得可以在满足对归属的渴望的同时，完成自我形构的义务——在流动的现代性状况下无法逃避、完全没有商量余地的责任。这两种要求并非相互对立而是相互交织的，至少表面上看起来可以同时得到满足。盲目模仿行为是处理这种双重焦虑的理想方式。正是因特网使运用这种方式成为可能，而在地方性的、不可简化的多元主义离线环境中，不可能使用这种工具。

然而，一种行为要获得被盲目模仿的机会，首先就要获得由因特网提供的受众。在过去，人们围绕物理上接近的邻里社区，
33 重复进行面对面的接触，从而被整合在一起，形成各种群体。同样，在信息时代（化身为“网络”形态）的人们，则围绕那些由于某种原因被认为值得信任的权威的信息传递者而形成群体。这些信息传递者频繁出现在屏幕上，夸耀及时加入他们的信息中的“好处”和“分享”，从而使他们能够显示和证明他们的选择对公众是重要的、值得尊敬的，因而也是可取的。在昔日的共同体中，常常是共同体选择我，而不是我选择共同体，我属于共同体，共同体并不需要征求我的同意。而现在，可供选择的人很多，我在

选择他们的同时拒斥或排斥其他人。这一事实让我感到幸福和安慰，鼓励我更加的自尊；让我感觉就像一次独立的、摆脱依赖的练习；也像自我确证和肯定的英勇壮举，并获得附加的收益——保证得到承认，预先得到群体赞同。

*

这些就是所有类型的盲目模仿的特征。但在此我们感兴趣的是一种特殊的盲目模仿行为，直接导致上述暴力数量与强度逐渐增加的盲目模仿行为，而这种增加往往被认为是霍布斯式世界回归的征兆，或者反过来说，是我们向霍布斯式世界回归的征兆。在我看来，对暴力的模仿行为的频率在不断地增加。

为获得尽可能高的、不断上升的评级而展开残酷竞争的传媒产业，会坚持不懈地使新闻服务犹如热腾腾的新鲜咖啡，以免受众出现“观赏疲劳”。而机械呆板的、文字直白的、点对点的完全重复，显然不利于促使民众共享媒体提供的免费公共性。因此，那些盲目模仿行为十分符合德里达的“迭代”(iterations) 模型，但并不是对被模仿的行为的简单复制。的确，盲目模仿行为往往 34
既是重复性的，同时又是创新性的。之所以是重复性的，是因为其意在从经过验证的行动形式中借鉴某些经过验证的有效因素和影响；之所以是创新性的，是因为增加了某些以前从未听说的重大修饰，并因此希望遮蔽由盲目复制的邪恶罪行所引起的震惊。其中第二个要求，即要进行某种创新从而产生某种新鲜感和震动性，是成功模仿旧的行为的一个必要条件。

就对暴力行为的盲目模仿而言，我们有必要投入足够丰富的精力和资源，并在传媒的关注和足够资源的支持下，至少设定一种中期的公共应对议程。上文提及的小型武器充斥全球的情况，有着十分复杂的原因。但是，要成功模仿旧的行为，还必须满足另一条件，即对于这类“武器供应”，必须有足够大量的需求——寻求更加高效而便捷的工具，以便能够发现那种将被模仿的行为，并使之满足某些已经存在和牢固确立的需要和期待。要想种子能够发芽，首先必须准备好土壤。

*

35 在当今，适合暴力之种子发芽的肥沃土壤，供应十分充足。有些人认为，近年来信息技术的发展和广泛应用，是盲目模仿现象得以出现和大规模扩散的原因。我认为这种看法是愚蠢而无益的。信息技术充其量只不过是起了辅助性的促进作用，使先前成本高昂、难以完成的事情，现在变得成本低廉和极其容易。其中更重要的原因，在于存在暴力行为的肥沃土壤。如果暴力的种子撒在贫瘠的土壤中，无论撒下多少，也不会发芽、开花和结果。

问题是，这种土壤不是贫瘠的，恰好相反，它是肥沃的。因为在当前的人类状况下，一些人极其愿意并热切希望向这种土壤供应肥料，甚至使其过于肥沃。肥料更是多种多样，有不同变化，但都肯定包含一种共同的成分，那就是愤怒。这种愤怒往往缺少一个明显的、有效的发泄出口，憋在心中让人痛苦，日益恶化并极易爆发。这种愤怒折磨着广大的且数量还在不断增多的人口群体，但对他们的影响并不相同。其中有两个十分不同的原因。英国社会学家和犯罪学家乔克·杨（Jock Young，1942—2013）深刻地指出，其原因可以追溯到让人眩晕的流动的现代性生活的深处：

充满暴戾的街头无业混混和帮派之痴迷于暴力，与品行端正的文明公民之痴迷于惩罚，二者不仅性质相似，而且根源也相似。二者都根源于劳动力市场的错位或混乱：前者根源于排斥作为一个工人的劳动力，却鼓励作为消费者的贪婪性的市场；后者根源于仅仅以一种危险的方式容纳劳动力的市场。也就是说，前者源于撩人怒火的排斥，后者源于朝不保夕的容纳。[①]

36 乔克·杨分析了挫折与愤怒不断积累和恶性循环，并最终导致暴力爆发这一过程的心理学机制。他认为：“某些人之所以实施暴力行为，是因为蒙受了某种耻辱。其核心目的是为了某种功利，但也是出于追求某种超出合理程度的愉悦、打破规则的快乐，表现自己的男子气概，重申和确认自己的身份。”[②]

上述特征也暗示了，暴力攻击行为在很大程度上并非出于个人物质利益，也就是说与行为者个人并无直接利益相关性，缺少侦探剧常说的那种“动机”。其唯一原因，往往是一种压倒性的、无法控制的愤怒，而攻击的对象是随机选择的，攻击者与被攻击者之间即使有什么利害关系，也只是十分间接的。因为无法忍受的屈辱与自卑感，或者同样难以忍受的对社会地位下降和被排斥的恐惧感而产生的攻击，往往没有一个固定的目标。暴力行为的牺牲者，无论是被有预谋而故意地选择的，还是被偶然选中的，往往都是不确定的、随机的以及非计划的替罪羊。而应为攻击者的不幸与愤怒负责的那些具体个人，攻击者无法知道，也无法靠

① Jock Young, *The Exclusive Society*, Sage 1999, pp.8–9.

② Jock Young, *The Vertigo of Late Modernity*, Sage 2007, p.54.

近对其进行攻击。攻击者与攻击目标之间的物质关联，我们多半都需要事后分析才能得出。

就恐怖主义行为而言，其攻击目标同样是非聚焦性的，其牺牲品也是随机性的，但恐怖主义者往往有意明确突出强调这种非聚焦性和随机性，其目的在于把地方性的暴力行为者实施的地方性暴力的震荡和影响最大化。这种随机性要表达的信息，就是没 37
有任何人是安全的，不管是有罪的还是无辜的，也不管在何时何地，任何人都将可能成为愤怒的复仇性爆发的牺牲品。某个人自己试图向他人表白，自己并没有掺和卷入招致复仇的非正义行径，也将无济于事，且无论在哪里都是如此。这种愤怒的统计上的随机性倾向所发出的信息，就是我们所有人无一例外，都有相似而真实的理由担心自己会遭受牺牲者的命运，经历恐怖的前景。

释放积累的愤怒，从释放本身就是目的的意义上看，其动机与目的是非个人性的。正如威伦·欣克尔（Willem Schinkel）的解释，这种行为是“为暴力而暴力”[①]。欣克尔认为：“所有暴力行为都呈现出自成目的的面相；之所以选择暴力，往往不是因为它能够获得某种结果，而是因为暴力行为本身内在的吸引力。”暴

① cf. Willem Schinkel, ‘The Will to Violence’, *Theoretical Criminology*, 8/1, February, 2004. See also https://www.ncjrs.gov/App/publications/abstract.aspx?ID=206082.

力的病态吸引力，在于可以暂时缓解暴力行为者自己因为处于次要地位、不利地位——弱势、不幸、无事可做、无足轻重、无存在感——而产生的屈辱感。在一千多年前，伊索（Aesop）就通过一则寓言形象地描述了弱势者如何安慰自己并缓解屈辱感。这则寓言说的是一只永远处于惊吓状态的野兔如何缓解自己的恐惧并得到安慰。这只野兔不停奔逃，以躲避更大和更强壮的动物，直到它发现一只青蛙一看到它的到来，就立马逃跑并寻找自己的避难所时，这只情绪低落和长期抑郁的动物终于感到一丝安慰。

自成目的之暴力起着“安全阀”的作用，使积累的怨气和愤怒得到释放；但是，这并不能防止愤怒和怨气再次积累，更不能防止其达到再次爆发的强度和水平。相对于比自己更弱小、资源
38 更稀缺的人，获得一种优势是容易的，但这既是优势也是劣势。因为恰恰是这种容易满足的优势，使一个人不能产生一种“很好地完成一项工作”的抱负；但是又由于无法证明自己具有攻击者的卓越技能和力量，所以不再满意，从而无法恢复自己的自尊、骄傲和自信。从这种意义上看，自成目的之暴力是一种无意义的暴力。特别是对于攻击者本人而言，这种暴力往往也是无意义的、不光彩的和痛苦的。它试图用数量来弥补在质量上的损失。无意

义的暴力往往会自我蔓延和自我扩大。

往往只有可悲、可怜的人，才会凭借自己的相对优势和力量，去殴打和伤害相对弱小者。这表明殴打者没有能力、勇气去迎接“真正的考验”，其地位和作用并不能因此得到提升。施暴者如果真的要考验和表现自己的能力和勇气，那么他应该向更强大的对手提出挑战并打败之，而且对手越强大，他越能真正得到考验。打击威胁“我们所珍爱和代表的一切”的宗教激进主义的恶意和入侵，比起放火袭击一个巴基斯坦邻居的摊位来，对于治疗因屈辱而产生的自我贬损要有效得多。

*

意大利哲学家和小说家安伯托·艾柯（Umberto Eco，1932—2016）写了一系列的小说，其最后一部小说名叫《布拉格墓园》（*The Prague Cemetery*）①，深刻反映了欧洲历史极其复杂曲折的进程和多变的精神。在这部小说的故事中，所有其他角色都是真实的历史人物，只有一个名叫西莫内·西莫尼尼（Simone Simonini）的人是唯一虚构的角色，一个彻底的反面英雄。他对那些妄想狂幽灵的反叛有着独到的见解，即使在打盹时，他也具

① Umberto Eco, *Il cimitero di Praga*, 1st Italian edition 2010；此处引自 Richard Dixon 的英译版本，Vintage Books 2012。

39 有清醒的意识，现在更是十分的清醒。艾柯通过西莫尼尼之口，概括和总结了这种反叛的世界观所提供的服务，它的功用和它具有广泛吸引力的原因：

> 我知道很多害怕暗处敌人之阴谋的人们：我的祖父害怕的是犹太人，耶稣会士害怕的是石匠，我们加里波第人的父亲害怕的是耶稣会士，欧洲一半的君王们害怕的是烧炭党，我们马志尼（Mazzinian）伙伴们害怕的是教会支持的国王，全世界的警察都害怕巴伐利亚光明会（Bavarian Illuminati），如此等等。那些知道这个世界还有多少其他人的人，仍然会认为自己受到某些阴谋的威胁。每个自己有阴谋的人，都可能随意说自己受到某些阴谋的威胁。(p. 99)

艾柯在意大利波伦亚大学（University of Bologna）1994—1995 学年就职典礼上做了一次演讲，这次演讲的内容后来被收入一部关于真理与谬误在历史中的作用的论文集中。在演讲中，他说："谬误不一定以谎言的形式而存在，但一定以谬误的形式而存在。"谬误在历史中已挑起了很多事件，有时是好的事件，但有时造成了极其严重的恶果（p.2）。[1]他对那些产生了广泛影响的、在幕后引导历史进程的隐秘的（通常也是恶毒的）阴谋诡计以及它们的“贩卖者”（与演员同流合污的作者）的命运，进行了极其博学的讨论。他指出，“在法国革命之前，人们就讨论了秘密社团 40
的神话，以及指引世界命运方向的高高在上的未知者（Superior Unknowns）的存在”。那些神秘的故事“太迷人了，以至于不怕任何事实的干扰”（pp.18–19)。“这些故事中的每一个都有一个优点，就是作为叙事，似乎都是可能的，比日常生活或历史现实都更加可能。而日常生活与历史现实都更复杂、更不可信。这些故事似乎解释了一些不如此就难以理解的东西”（p.23）。

《布拉格墓园》的叙述者，生活、思考和行动于十九世纪；但是艾柯凭借二十一世纪的“后见之明”的好处来设定这个叙述者，并重构了他的生活、思想和行动。历史是由阴谋塑造的理论，以及所谓的／假定的把一系列世界性的演员推入我们时代的机器的阴谋理论，绝非只是处于疯狂边缘的小小的精神偏差或越轨，而是正在稳步进入其他滋养和促进的政治讨论的中心、公众意见的中心。在越来越多的国家，甚至是在那些直到最近都被认为能

---

① Umberto Eco, *Serendipidities: Language and Lunacy*, Phoenix 1998 (trans. William Weaver).

够有效抵挡其病毒影响的国家，阴谋论出现了不祥的越来越快的流行，获得了越来越多的支持者，更加频繁地出现在政客的演讲和大众媒体中，并快速占据了越来越多的“社交网站”。这种阴谋论表现出不断强大的趋势，实在难以阻止，更别说扭转了，并把“自成目的之暴力”行为刻写在“世界范围的阴谋”的宽大——也许无限大（谁知道呢）——的遮盖布上，极大地提升了它们的重要性，也提升了其行刑者和刽子手的重要性和勇敢性。

这样一种刻写的最重要的特征，一是打造覆盖面比以前更广
41 泛的网络，并通过这种网络，从抵制甚至反对盲目模仿自成目的之暴力行为的环境中吸引和招纳新成员；二是力求找到一个“重要的理由”，以便向他们灌输一种“高贵”的以及能够导致“高贵”的意义，从而改变其死气沉沉、平淡无奇、毫无希望的存在状态。有了这一理由，就可以使事件的影响远远超出地方范围，让不断高涨的潮汐淹没更加广大的空间，影响无数的民众。而这个理由就是，类似于几次世界大战所确立的模式，或者说最近一次善恶双方最后决战所设定的模式，即要进行一场巨人之战、殊死之战，战至精疲力竭并因此使之成为最后一战、结束所有战争之战、防止将来失败之胜利之战。

*

这给我们带来了“自杀式恐怖袭击”现象。这种袭击本身是盲目模仿行为，一种远距离的、更新近的盲目模仿，是二战时期臭名昭著的日本“神风特攻队”“改进”的新版本，其壮观程度和所产生的心理冲击范围和持久程度都要更胜一筹。因为上段所说的那个“理由”，这一次愿意牺牲自己生命的人大多是年轻男女，数量也越来越多。但是，他们大多不是出于意识形态狂热或反抗极权主义压迫，而是出于严酷的生存状况和日益黯淡的生活前景。正是那些当权者所采取的排斥政策，使他们愿意牺牲自己参加袭击。当权者把排斥政策作为总体性的社会基本支配策略，也作为他们最喜爱的特殊治理技术。自杀式袭击者之所以愿意自我牺牲，也是因为民选政府机构把监管任务和委托的责任不断 *42*
外包给变幻莫测的市场，使个人没有什么手段来影响和控制这些代理人，从而被宣告必须利用自己往往严重不足的资源来应对生活的挑战。正如英国亚文化研究专家斯坦利 · 科恩（Stanley Cohen）在其开创性研究《社会控制异象》（*Visions of Social Control*）中指出的：

一方面福利在削减，另一方面“共同体”只有虚幻的品质，两相结合意味着疾病、残疾与精神病人等等在社会建设干预中获得很少。他们发现，公共福利部门与私人部门都躲着他们，而共同体或社区又不能忍受或不能照顾他们。对于流氓罪犯，共同体确实会进行干预，但这种新的机体很难说能够应对流氓罪犯及其所具有的更广泛的社会背景，包括阶级、种族、权力和不平等等等。[①]

还有一种广泛传播的合理看法，认为今天暴力之所以增多，贫穷、弱势和被剥夺者聚居的都市区域暴力之所以特别严重和常见，相当程度上在于处于支配地位的消费主义文化。今天社会上“正常的”、正直善良的人，与那些暴力攻击者一样，都在这种文化中出生、成长，并热切参与这种文化。[②]正如五年前我在讨论伦敦刘易舍姆（Lewisham）骚乱的事后影响时所写下的：

在从摇篮到坟墓的整个过程中，我们都在接受这样一种训练：要把商店当作药店，里面充满了治疗或至少缓解我们生活和大众

① Stanley Cohen, *Visions of Social Control*, Polity 1985, p.125.

② For a most brilliant presentation of this case, read J. G. Ballard, *Kingdom Come*, Fourth Estate 2014.

> 生活所有疾病和苦难的药品。商店和去商店购物于是具有了一种 43
> 真正的末世论色彩。正如乔治·瑞泽尔（George Ritzer）的名言，“超市就是我们的神庙”。我还想补充的是，购物清单因此就是我们的每日祈祷书，逛购物广场就是我们的朝圣之旅。出于冲动而购买，抛弃已购的但不再有吸引力的物品，取而代之以更有吸引力的物品，这就是我们最炽热的情感。消费者享受的丰满，意味着生活的丰满。我购物，因此我存在。购物或为了购物，就是一切。对于那些有缺陷的消费者，那些当代的穷人，不购物表明他们过着一种没有完成和实现的苦恼生活，标志着他们自己无足轻重、一无用处。不购物不仅表明没有快乐，还表明没有人类尊严、没有生命的意义。甚至，他们不会被当作人来看待，没有任何理由感到骄傲和自尊，也没有任何理由受到周围他人的尊敬。[①]

独裁统治者最初宣称，有些人是国家、阶级、族群、教会的负担或威胁，是不适宜的、不被需要的人，并给这些人贴上“毫无价值的生活”（unwertes Leben）的标签。但后来，到了我们这个时代，是采纳还是拒斥那个标签，选择权已经逐渐“下

① www.socialeurope.eu/2011/08/the-london-riots-onconsumerism-coming-home-to-roost.

放”给那些被放弃的个人，让其自作自受。也就是说，选择有价值或无价值的生活，成了个人自己的事情，而不需要独裁的当权者高高在上地评判。但是，越来越多的个人宁愿选择这样一种生活——他们不仅发现其状况难以忍受，而且也有正当的理由怀疑其将一如既往地难以忍受的生活。他们发现，“有意义的死亡”对于他们似乎是更好的选择，这种选择比起毫无希望、毫无意义的
44 生活来好得无法比拟，因此是唯一现实的选择。恐怖主义组织的指挥官们，正是从这类个体及其构成的群体中招纳愿意自我牺牲的士兵，并让这些士兵听从他们的指挥进行自杀式恐怖袭击。留给招纳者的唯一任务，就是对这些新成员进行洗脑，使他们相信由他们建议的死亡形式与时间是有意义的。这使得这些在加入他们之前就已经认为生活无意义的士兵，能够更愿意去实施恐怖主义行为。

*

我们回想一下，在霍布斯所谓的利维坦之前的世界中，人们不知政治为何物，更不会通过政治活动来设想和建构其世界。这是一个依靠天生权力的世界，是一个战争的剧场，发生着一切人反对一切人的战争，由每个人发起反对每个人的战争，没有人能

够例外。每个男人或女人都竭力反对其他所有的男人和女人。每一个“他人”要么是一个已原形毕露的敌人，要么是一个还没有揭下面纱伪装的敌人。每个人的神经不得不永远保持警惕，时刻关注来自四面八方的危险。而安全只是虚张声势。片刻的安宁可能只是敌人的阴谋，意味着更要警惕，不能打盹。如果生活在霍布斯所谓的前国家中的人也拥有火药的话，那么他们肯定会时刻让火药保持干燥，以保证在任何环境下都能开火。

正如我们所隐约感觉到的，在我们的世界中，人际团结纽带日益弱化，通过政治建构的结构日益去规制和原子化，政治与权力日益脱离；我们的世界再次变成了一个战争剧场，陷入了一切人反对一切人的战争，由每个人发起反对每个人的战争，没有人属于例外。这种战争日复一日地，要么由个体进行，要么偶尔由临时的或持续存在时间较长的同盟进行，并且一天一个变化。市 45
场、学校老师、工厂经理、媒体联合起来，描述和建构我们注定要栖居的世界，给我们指导，供我们消费，并从小就教育、磨炼我们，让我们毕生要作为一个士兵为那个战争服务。但是现在，我们被剥夺了国家发放的制服，被重新命名为“竞争性的个体”。正如《纽约时报》专栏作家弗兰克·布吕尼（Frank Bruni）所指出的，那些对我们这个世界产生着至关重要影响的一流大学的招生程序，“严重扭曲了学生的价值观，使他们陷入竞争狂乱”[①]。我们所有人都是彼此的竞争对手，要么已经如此赤裸而毫不掩饰，要么一有机会就必定原形毕露。处于“竞争狂乱”中的人，随时都在做准备，擦亮自己的钢枪，让子弹上膛，总是把武器拿在手上准备开火。我们现在被告知只有依靠自己，如果不幸陷入困境，想要逃出浑浊和充满漩涡的污流而进入清静的水流时，除了自己别指望任何人。事物的秩序可能不是我们自己创造的，但我们每个人都必须每周七天、每天二十四小时扮演它的守护者。我们拼了命地进行这场游戏和比赛，但结果是什么？！几乎所有的人迟早都不得不得面临一个可怕的失败的结果。大卫·布鲁克斯(David Brooks)[②]在同一期的《纽约时报》上发表的文章中，引用了阿南德·格里哈拉达斯（Anand Giridharadas）[③]的话：“在这个急躁暴戾的时刻，如果还有什么东西可以把美国统一起来的话，那就是一种广泛存在的看法：权力就在某处，但绝对不在你

---

① www.nytimes.com/2016/01/20/opinion/rethinking-college-admissions.html?emc=edit_ty_20160120&nl=opinion&nlid=43773237&_r=0.

② 《纽约时报》专栏作家，著有《布波族：一个社会新阶层的崛起》等。——译者注

③ 印度裔美国学者，《先驱论坛报》《纽约时报》网站专栏作家，著有《印度的呐喊》等。——译者注

那里。”[①]格里哈拉达斯讽刺说，这种普遍存在的自己被排斥在外的情感（all-but-universal sentiment），是“一种阳痿焦虑症”。

布鲁克斯还引用了皮尤研究中心的发现：64%的美国人都觉 46
得自己胜少负多。我认为，英美国家之外的其他国家的人，有失败感的比例会更高，甚至相当高。在英美国家的人，已经接受了长期的训练，并习惯于根据自己的双腿的力量来测量自己的价值，也就是说他们一直被期待要自足自立。他们接受的教育，使他们耻于向陌生人问“是还是不是”之类的、涉及自尊看法的个人问题，以免暴露自己颤抖的双腿是多么的不可靠。无能为力的感觉及其引起的恐惧和紧张，是一种让人十分尴尬和困窘的状况，我们大多数人都不愿意透露给他人，并因为陷入这种状况而被吓得不知所措。至少自阿克顿勋爵（Lord Acton）[②]以来，“绝对的权力导致绝对的腐败”已经成为大众的共识。但是，布鲁克斯指出，在我们现在这种去规制、原子化的社会状况中，已经出现了一种新的大众共识，即绝对的无权力感也就是绝对的腐败：

---

① www.nytimes.com/2016/01/22/opinion/the-anxieties-of-impotence.html?emc=edit_th_20160122&nl=todaysheadlines&nlid=43773237&_r=0.

② 约翰·爱德华达尔伯格－阿克顿（1834—1902），英国剑桥大学历史学家和政治学家，著名的自由主义思想家，其名言“权力导致腐败，绝对的权力导致绝对的腐败”出自其《自由与权力》一书（侯建译，商务印书馆，2001）。——译者注

今天，我们生活在一种孤立的、原子化的世界中，人们不相信他们自己的制度和组织。在这样一种情境之中，很多人用无意义的自我毁灭的行为来回应无权力感。例如，在巴勒斯坦，年轻人不会组织起来，也不会与他们的政府共同工作以改善他们的前景。他们总是溜进以色列，试图刺杀一个士兵或怀孕的妇女，并遭到射杀或逮捕。他们为了那无意义的、愚蠢的恐怖主义的一瞬间而断送自己的性命。

47 不管这种“权力瞬间”是多么的虚幻，有些人总是抱着一线希望，希望它们能够弥补已经十分明显和持久的无能感，哪怕是不太光明正大，也要弥补既被延宕又被残酷拒绝的有意义的生活。我们也许会嘲笑他们的希望是多么的天真和幼稚，或者会对有些人为实现那种注定要失败的希望而愿意付出巨大的代价而困惑不解。但是，有很多人却十分清楚地认为，那种希望是重新恢复和拥有他们的尊严——被别人背信弃义地、恶意地偷走了的尊严——的唯一现实而可能的机会。在这个世界上，总是有人会压迫别人，否认别人做人的尊严，被别人压迫和剥夺尊严的民族的名单很长很长，带刀的巴勒斯坦人只不过是其中之一。

至于处于命运另一端的幸福的美国人，他们是地球上最富有、最有力量的国家之公民，但如布鲁克斯所言，他们“被各种复杂而棘手的问题困扰着，却无法明确地知道那个恶棍在哪里。技术变迁使工人被取代；全球化和人口的快速流动，使社区或共同体不再稳定，家族结构解体；中东的政治秩序动荡不定，中国的经济正处于火山口，不平等在上升，全球秩序紧张不安……”

有人也许想说，与那些不断遭受攻击而阵痛不已却不知攻击来自何处、由谁发起和送达的美国人相比，巴勒斯坦人是幸运的，因为后者至少能够把自己遭受的所有苦难，都归罪于一个共同的原因——以色列的占领。而在其他地方，那些处于同样的没有希望的前景和没有尊严的困境中的另一些人，则不知道该把他们随身携带的匕首刺向何人。所以，他们随机攻击。在升级版的霍布 48
斯式的世界中，生活的过程就像蹚雷区，而地图从来就没有标出或早已删除了雷区的位置。这样的区域充斥着如此之多的爆炸物，以至于爆炸会一次又一次地发生，但是没有人能够在任何程度上确切地说出爆炸会在哪里发生、何时发生。

因此，我们似乎可以去掉本章标题中的问号。我们确实已经回到霍布斯式的世界，或者可以肯定地说，我们正走在回到霍布斯式的世界的路上。但是，这一次我们发现，我们处于一切人反对一切人的战争状态的原因，不是缺少全能的利维坦，而是大量不胜枚举的、大大小小的甚至微型的利维坦的同时存在；并且，这些利维坦存在严重的障碍，不能承担和完成其任务——霍布斯所说的，我们的祖先为了自己的目的而邀请（甚至祈求）的那个利维坦来统治他们的任务。但是，更重要的原因是，我们无处寻觅一个更大的利维坦，来矫治那些较小的利维坦的缺陷。这些存在种种缺陷的小利维坦，以各种手段顽固地保持孤立隔绝的地方状态并以此为荣，而我们的整合或共处模式却远远滞后，不能发挥作用。

第三章

回到部落

第三章　回到部落

“如果说国家曾经是一个大居民区（neighbourhood），那么居民区也可能成为小国家。它们的成员会组织起来，保卫他们的地方政治和文化，不让陌生人侵入。在历史上，居民区已经变成了封闭而狭隘的共同体……而不论何时，国家都是开放的。”这是迈克尔·沃尔泽（Michael Walzer）[①]在三十多年前，对过去到他那时所积累的历史经验的回顾和总结，并指出这一点在其可见的将来还会不断地重复。[②]他当时所指的将来，对于我们来说已经变成了现在，现在已经确证了他的预测，并因此再次确证了他的论断。

全球化导致了权力与政治的分离。当下的国家，实际上正在变成比大的居民区大不了多少的东西，被限定在只有模糊轮廓、

① 美国当代著名的政治哲学家和公共知识分子，研究领域包括战争伦理、分配正义、政治义务、身份认同、政治哲学方法论、社会批评理论，也关注社群主义和自由主义的论战，著作包括《正义诸领域：为多元主义与平等一辩》《阐释与社会批判》《宽容论》《正义与非正义战争》等。——译者注

② Michael *Walzer*, *Spheres of Justice: A Defence of Pluralism and Equality*, Basic Books 1983, p.38.

多孔和无法有效强化的边界之内。而往昔的居民区，曾经被预言会伴随其余的“中间性权力”（pouvoirs intermédiaires）而日益进
50 入历史的垃圾桶，现在却挣扎着承担起“小国家”的角色，充分地利用残余的准地方政治，行使起国家曾经警惕地捍卫的、不可剥夺的、把“我们”与“他们”分离开来的、垄断者独享的特权来，并且也像国家那样，警惕地捍卫和垄断地行使起这种特权来。

这些“居民区”中的成员，一旦热衷于划界、挖沟、修墙并架设铁丝网的工作，就会把所有任何“人们能够发现的差异……都用来证明自己群体相对于其他群体的优越性。枪支爱好者认为，他们比枪支憎恨者更为优越，因为他们爱好枪支；而枪支憎恨者认为，他们比枪支爱好者优越，因为他们憎恨枪支”。“为什么人口群体之间的差异，总是会导致一种优越－低劣关系？其原因就是部落主义”；“这种部落的目的，就是决定支持谁和杀死谁”。①

不同的群体总是坚持自己的苛刻条款，绝不妥协，从而使问题和争执长期尖锐而激烈对立。差异双方和解、交融而合一的情况，只是偶尔可能发生。我们真的很少见到差异双方确实会如此，更是极少见到他们会有意识地如此。当尖锐对立时，双方都会明

① Bruce Rozenblit, *Us Against Them: How Tribalism Affects the Way We Think*, Transcendent Publications 2008, pp.74–75.

确地强行采取不妥协的分裂或分离方案，即“不是你死，就是我活”的方案。而双方都不会采取替代性的“和则两利”的方案，不会突破各种约束而选择折中方案，更不会放弃自己的原则。放弃自己的原则和方案，几乎是不可思议的事情。在这种情况下，“没有谁会听谁的。任何与自己的主张相矛盾的信息，都会被拒绝……人们不会彼此倾听，因为他们真的不会彼此倾听。支持他们的看法的信息，在情感上更重要，并且得到及时的处理。而其他信息都会被抛在一边，不予理睬”[1]，或者，最好是不要接收这样的信息。

在多个部落聚居的地区，冲突各方往往会试图相互回避，但 51
都不会试图去改变对方的看法，劝说对方改变和转变立场。外来部落的任一成员，都有责任并必须长期保持预先注定的、永恒而无法改变的卑下地位，至少本地部落会如此看待和对待他们。一个部落往往把另一个部落置于次要地位，并作为其存在的根本条件，同时还会采取各种措施长期保持自己的优越性和标志性象征符号，抵制次要地位的部落进行改变的任何意图。一旦根据这种规则来分割“我们”与“他们”，那么对立者双方之间的任何接

① Bruce Rozenblit, *Us Against Them: How Tribalism Affects the Way We Think*, Transcendent Publications 2008, p.54.

触，目的就不再是缓解对立，而是获取或创造更多的证据，以证明缓解对立于理无据，不予考虑。被锁定在“优等－次等”链条中的不同部落，其成员不会彼此说话，而是向过去说话，让睡着的狗躺下以免遭遇不幸。

这就是法国社会学家吕克·博尔坦斯基（Luc Boltanski）所描述的新兴意识形态霸权哲学。安东尼奥·葛兰西（Antonio Gramsci）也许本应看到现在的“回到部落”趋势也是一种支配性意识形态。博尔坦斯基集中关注这种霸权哲学在法国的变种，即“支配性的新意识形态，或新保守主义在法国的变种”。他说，

> “回到部落”已经成为一种支配性的意识形态，其标志性特征包括反对资本主义（而美国的新保守主义并不反对资本主义）、道德主义、仇外等。它近乎痴迷地关注民族身份认同问题，以及真正的、好的法国人与郊区不道德的、暴力的和危险的移民之间的对立。它十分强调发挥福利国家的作用。在法国，福利国家往往被叫作福利状态（l’État-providence），充满了一种酸楚的味道。①

① Luc Boltanski, ‘Sociologie et critique sociale: dérive ou renouveau?’, in Luc Boltanski and Nancy Fraser, *Domination et émancipation: pour un renouveau de la critique sociale*, Grand Débats 2014, p.64.

他还补充说，这种新保守主义意识形态谴责和批判官方政策过于宽容，而“要求扩大警察队伍和强化警察力量”。 52

*

不过，布鲁斯·罗真布利特（Bruce Rozenblit）认为“部落主义是其原因”，所以我们也应循此思路，问问“为什么是部落主义？”

正如西莉亚·德安卡（Celia de Anca）[①]所言，在漫长的二十世纪，公司奉行一种新的管理策略，为竭力开发利用因为员工的多样性而产生的力量，支持和教唆对“情感性”的放逐；不过，现在这种“情感性”又重新归来，并且在很大程度上促进了部落主义的新浪潮，取得令人吃惊的发展和扩散。她说：“我们目前见证了一种重大的范式变迁，就是从对独立于由共同体构成的社会的渴望，转向对归属于由个体构成的社会的渴望。”

简言之，人们曾经高举理性、效率和功利的大旗，不遗余力地发动反抗束缚人们选择的社会和道德纽带、强制性的义务与承诺，并追求现代性的战争。人们最终作为胜利者而出现，成为自我界定身份和自我确证的个体。然而，这个胜利者不久就发现，

① Celia de Anca, *Beyond Tribalism; Managing Identities in a Diverse World*, Palgrave Macmillan 2012, pp.xxii–xxvi.

这场战争得不偿失。以赛亚·伯林（Isaiah Berlin）把自由分为积极自由与消极自由。胜利者获得了不受别人干涉的那种“消极自由”，但被遗弃，而不得不依靠自己严重不足的资源，在情感上也枯竭了，唯一获得的只是一种“积极的潜能”。也就是说，人们尽管免于了外部干涉，但同时也失去了外部帮助，被剥夺了社会资本，无法使自己的行动有效，也无法真正利用来之不易的
53 自我伸张和确证的力量，从而无法获得自己想要的结果。这种自由所带来的结果，与为了个人的站立和主体性的解放而战的幸福梦想，与诱人承诺实在相距甚远。人们越来越觉得，为了个人自由，而以个人安全为代价，并非一桩划算买卖，而更像从煎锅掉进了火坑。

德安卡却满怀希望。她认为，这种“范式变迁”并不是要回到过去那种“由具有各种让人十分不满的面相和特征的共同体所构成的社会”，而是向前的跳越，是要消除或至少根本地降低“个人独立思考的能力”与“归属于群体的需要”之间长期存在的臭名昭著的矛盾和冲突。她认为，“二者之间并非必然不可兼得”，可以采取一种方法，在一定程度上回到部落主义的同时“超越部落主义”，走出部落主义与反部落主义的两难困境，走向“总体

上归属于一个共同体，又不会丧失个体意识的意义的新的族群形式”。她欢迎这样的创新，相信这样的创新已经到来。在“各种新的部落主义形式中”，她发现了“具有比以前部落模式更弱的情感依附的开放共同体”模式。在很大程度上，她是通过内生于“当今世界政治和经济组织”的概念，以及由这些组织的“研究出很多程序来帮助它们的著名顾问”提出的概念，来形成她的这一主张和信念的。简言之，她把宝押在新兴的管理哲学上，这种哲学有可能上升到近乎普世的支配地位。

她那时的“先进管理哲学和政策”，极力主张将行政管理的琐事，从命令决策层向下转移，把“产生结果”的任务以及失败的责任，都“下移”给他们的下属，并且利用人们普遍寻求归属安 54
全的同时实现个人自主的渴望，扩大自己受到欢迎的机会，进而扩大收益并削减支出。而当下新的管理话语，故意以模糊的、无明确界定的“开放式社区”观念为掩饰，兜售名义上有效可行实则无用的实践。个人的偏好和特质，包括情感依附与反感、同情与厌恶、喜好与排斥、喜欢与不喜欢等等个体非连续的品质，动机和倾向，一旦必须留在工厂入口衣帽间或办公楼中，就不再只是在那些建筑中得到容忍和许可，而是会得到急切的邀请并保留下来；个人的偏好往往被当成评价雇员绩效的工作职位描述与原则标准的不可分割的部分。这种新的管理哲学，主张追求多样性的目标，认为同质性和重复惯例是反生产力的，不能产生收益，因而应加以抛弃。

亨利·福特（Henry Ford）的传送带与流水线，以及弗雷德里克·泰勒（Frederic Taylor）的时间与动作测量都已过时了。但是，雇员本身却逐渐成为这样的装置，如此行事。雇员不得不个人地完成各种生产行为，并把自己与公司获利“装配线”
55 衔接起来，而公司往往故意模糊这一任务。在以前，工作场所会排除雇员的某些特征，至少是在工作时间内对这些特征进行压制；但是现在，这一点已经进行了根本性的变革，目的是要迎合雇员的自我确证、自我主张的抱负，同时满足他们渴求情感归属和温情的怀旧病（认可和赞成个人的选择，并视之为一种当然现象）。然而，在完全去规制化的劳动力市场和劳动条件中，这样的背离实际上传递的，则是一种强制性义务，即个人必须无条件地促进这个所谓的“开放的共同体”的“健康”。但是，共同体对个人不会存在任何附加的担保，更别说保证满足雇员的预期标准。这些标准永远没有明确的界定，由“共同体的长者”——管理和经理人员随意自由裁量。而且，我怀疑这种“开放的共同体”是否真的具有开放性。

简言之，受到广泛欢迎的、归属的诸多益处，就在如此的“共同体建设”过程中的某处消失了。在以前，公司雇用劳动者来完成某项工作，实际上是购买劳动者一定时间的劳动力和相关的行业技能；但是，公司现在有了合理的理由，利用和剥削雇员所有时间及其个人资源，公司甚至可以不用明确要求——更别说合约明文要求——雇员奉献其所有时间和个人资源，而狡诈地、策略性地使雇员一周七天、每天二十四小时提供服务。这对于雇员来说，无疑是伤口上撒盐，雪上加霜，他们不仅受到以前那样的伤害，还受到如今的侮辱。

因此，试图通过协调不可协调的层面，即试图把共同体与个人“这两个世界各自最好的一面”整合在一起，从而超越“部落主义”，似乎是不太可能；因为德安卡那个时代的经理及其顾问，实际上试图利用草根“回到部落”的情感、心态来获利，而这种情感与心态都来源于公司经理及管理人员鞭长莫及的因素。雇员们所面对的，绝对不是由那些研究管理艺术的新哲学家与实践者 56
所描述的、承诺努力实现的“更加美好社会”之乌托邦。

*

在《路易·波拿巴的雾月十八日》(*Eighteenth Brumaire of Louis Bonaparte*)中，马克思解释了踢开未来大门的各种革命的秘诀。这种未来，是未知的、还不存在的、未尝试过的、以前从未经历过的，并因此是未曾探索、最隐约地猜测想象的未来。但是，这些革命却穿着按照博物馆藏原始服装而特别复制的服装，或者穿着杜莎夫人（Madame Tussaud）蜡像馆陈列的旧时英雄曾穿过的（或一直穿着的）的那样的盛装，或者穿着其各种变化样式的服装。马克思写道：

人们自己创造自己的历史，但是他们并不是随心所欲地创造，并不是在他们自己选定的条件下创造，而是在直接碰到的、既定的、从过去承继下来的条件下创造。一切已死的先辈们的传统，像梦魇一样纠缠着活人的头脑。当人们好像只是在忙于改造自己和周围的事物并创造前所未闻的事物时，恰好在这种革命危机时代，他们战战兢兢地请出亡灵来给他们以帮助，借用它们的名字、战斗口号和衣服，以便穿着这种久受崇敬的服装，用这种借来的语言，演出世界历史的新场面。

马克思集中研究的是十九世纪法国所发生的一系列政治巨变，并揭示了现在人们在打开通向未来之门时，却转向过去以寻求支持的心理－社会逻辑：

> 不管资产阶级社会怎样缺少英雄气概，它的诞生却是需要 57
> 英雄行为、自我牺牲、恐怖、内战和民族战斗的。在罗马共和国的高度严格的传统中，资产阶级社会的斗士们找到了为了不让自己看见自己的斗争的资产阶级狭隘内容、为了要把自己的热情保持在伟大历史悲剧的高度上所必需的理想、艺术形式和幻想。[1]

本章开篇简要概括了这种部落心态的特征。公众之间的生存条件出现了影响深远却不连贯的多次转型。而这种部落心态的复兴，实际上似乎是公众对这些转型的或多或少具有一定自发性的反应。今天，这些转型使他们的生存条件发生了重大的变化，使他们犹如身处“异邦”——而戴维·洛温塔尔(David Lowenthal)在三十年前就作出了这样的诊断。在我们快速变化的

① Quoted from Karl Marx, *The Eighteenth Brumaire of Louis Bonaparte*, the American 1897 translation reprinted in the UK by Amazon 2008, pp.1–2. Also https://www.marxists.org/archive/marx/works/1852/18th-brumaire/ch01.htm.

现代世界中，这些转型的程度让人十分吃惊，不断地困扰世界上的居民，使得他们措手不及；也就是说，使他们惊吓不已、迷失方向和困惑不解。人们的生存条件和环境，成了一个异邦，不再具有过去那种特殊的、排他性的性质。其结果就是那条分离过去与现在的边界，已逐渐消失了，所有边防哨所都被废弃了。当然，未来也是一个异邦，但是我们看到，今天的人们，更愿意筑起篱笆，把自己与未来更严格地分割开来，而不是与过去分割开来。因为那些愿意出发去拜访未来之异邦的旅行者的数量，正在迅速
58 下降，到今天只剩下那些最乐观的、最富于冒险精神的人了，或者说只是那些心情最轻松，最无忧无虑的人了。那些不愿守成和享受，希望寻求充满更多宜人经验的未来，并立即为之努力者的数量，则似乎下降得更快。例如，现在科幻电影和小说，越来越经常地被编入恐怖电影和哥特文学的目录中。

今天的我们，往往对未来感到恐惧，不再相信人类集体有能力缓解其过度和过激的一面，防止其不要让人那么害怕和讨厌，使其更具“用户友好性”。“进步”一词是由康德创造的。但在今天当我们提及“进步”时，引起的可能是与康德的原意相对立的情感。“进步”常常引起的是人们对迫近灾难的恐惧，而不是使人

们能够享受更多的舒适，消灭并让人们遗忘生活中的种种不便。对于我们大多数人来说，无论在何时，一提及“进步”，首先跳入大脑的是，要为人们提供更多的就业机会。也就是说，进步在使手工艺的工作岗位消失的同时，应提供同样多的知识技能的工作岗位，但是，这些工作岗位不久又会消失，被电脑取代，被电脑管理的机器人取代，所以，生存之路道阻且长。据我所知，很多研究结果都认为作为“千禧一代”的年轻人，现在已经进入劳动力市场，却面临成人后的自力更生的挑战，更面临寻找体面的、满意的、令人满足的和被认可的社会地位的挑战。自二战后至今，他们是第一代担心失去而不是提高他们父母所获得的社会地位的人。绝大多数“千禧一代”认为，他们未来的生活条件会不断恶化，而不是进一步改善和提升，而这种改善和提升正是他们父母 59
生活故事的标志，也是父母教育他们要期待并为之而奋斗的东西。总之，“无休止的进步”的看法或愿景，预示着的却是失去的危险，而不是实现在世界中向上的流动。进步现在更多的是与社会恶化相关联，而不是与改善和提升相关联。同时，正如洛温塔尔在他的另一项研究中所指出的，“随着进步的希望日渐黯淡，人们从传统遗产中寻求安慰”[①]。

① David Lowenthal, *The Heritage Crusade and the Spoils of History*, Viking 1997, p.ix.

洛温塔尔认为，“传统遗产之所以在今天赫然耸现”，原因

因地而异……但是任何限于具体个人的解释，都不能说明这种极具传染性的趋势。其原因在于出现了一系列的趋势，这些趋势的前提预设、承诺前景和产生的问题都是全球化的。这些趋势导致自我从家庭、家庭从社区、社区从国家的脱离，甚至自我从自己的以前的各种自我脱离。这种变迁体现了生活的多重面相——日益延长的寿命、家庭的解组、熟悉环境的消失、日益加速的淘汰、种族灭绝和整体迁移，以及对技术日益恐惧。它们侵蚀了未来预期，突出了过去意识，向无数人逐步灌输“他们需要传统遗产，亏欠传统遗产”的思想……在失去与变迁的双重围困之下，我们只有抱住剩下的、稳定的东西，才能保持我们的方位。①

他的见解真是全面而深刻。不过，他还不断警告：“无知，与疏远一样，保护着传统遗产不受严格的审察和监督。”但是，暧昧与无知还有另一种品质，即“把过去作为一种信仰而不是事实来加以崇敬”(pp.134–135)。

① David Lowenthal, *The Heritage Crusade and the Spoils of History*, Viking 1997, pp.5–6.

洛温塔尔在总结其不朽的、多面的研究时指出，“目光短浅的竞争和对抗……恰恰是传统遗产的特有性质。传统遗产所关乎的 *60*
一切，就是坚持我们是第一的和最好的，并颂扬我们自己的东西，而排斥他人的东西”（p.239）。

> 传统遗产建立集体的骄傲和目标，但在实现这一点的过程中，又强调好家伙（我们）与坏家伙（他们）之间的区别。传统信念、传统商品、传统修辞点燃了敌意和对立，特别是在我们的独特遗产面临风险之时，更是如此。根深蒂固的目光短浅引发冲突；无知则抑制互惠。我们因我们的传统而糊涂，眼中再也看不见他人的传统，我们不仅因此逃避比较自己的优劣，也丧失传统的优势。(pp.248–249)

*

一个由陌生人构成的居民区，将会面临各种显然的、切实的不确定性，他们的生活前景以及他们所追求的命运，都会逐渐无法把握。陌生人所代表的，就是生活中那些闪烁含糊、黯淡衰弱、不稳定和不可预见的事物，它们使我们感到不能确定自己的未来，度过一个个因噩梦般不祥预兆而不眠的夜晚，并毒害着我们日常忙乱的生活。沃尔泽认为，正是为了反对陌生人，特别是“公然侵入的古怪之人”——异己者、外国人、移民，并消除他们，使“滋生大量陌生人害虫”的社区居民“愿意组织起来，保卫他们本地的政治和文化”，并努力把之再造为“小的国家”。然而，考虑到魔法般变化出一个清除陌生人的未来国家是不可能的，而其所有的可能性就是超越了可能性王国，那么所选择用来指导再造努
61 力的概念，就往往是从过去得来的概念（按说过去应该是过去真实发生过的，但更常见的情况则是，过去可能是想象出来的。在这种想象中“我们”是什么非常明确，不会让“他们”贸然接近，更不会因此而受到他们的损害）。

政治一旦被剥夺了影响和建构未来的权力，往往就会被转换成集体记忆的空间，一种极易被篡改和操控的空间；因为这一原因，给人们提供了一种拥有幸福的无限威力的机会，而这种机会也许已经不可逆转地迷失于现在，也不可能在即将到来的时代中出现。因此，十分显然的是，对我们的自尊、自信和骄傲伤害最大的，就是我们已非可以控制现在——未来将从中生发的现在的人了。还有，也是由于这个原因，我们几乎不再抱有控制未来的

希望；在其生发和形成的过程中，我们的命运似乎注定会受到未知的、不可知的他人的棋局和游戏的影响。因此，从那种神秘的、深奥的、不友好的、被疏远的和使人异化的世界，密布陷阱和沼泽的世界，退回到熟悉的、安乐的、平凡的，有时摇摆不定但是可以无障碍地进入、给人慰藉的记忆世界，该是一种多大的缓解和放松。正如我是“我们”之一，我们的记忆也是我的记忆；我们的记忆是我们过去的记忆，而不是他们过去的记忆，一种被我们也仅被我们拥有（即使用和滥用）的记忆。

理论上，未来是一个自由王国，所有事情都可能在这里发生，因此未来不同于过去，过去是一个永恒的、不可改变的必然王国，所有可能发生的事情都已经发生。未来往往是柔性可变的，过去则是固定坚实的，一经固定永不改变。相反，记忆政治的做法，常常是使未来与过去互换性态，至少人们是这样对待它们的。在 62
记忆政治中，过去变得柔韧，可随意操控，极易被塑造和重塑，并且这些都是记忆政治的基本特征。

在当代社会中，历史记忆之政治的首要目标，是证明被称为“民族”（nation）的这个群体，拥有划定领土的政治主权，是合法而正当的，而这也是民族主义的首要渴望和目标。盖尔纳指出：

> 民族主义首先是一种政治原则，其坚决主张政治与民族单位应该是一致的……我们关于民族主义的定义依附于一种先在的和预设的国家的定义，而且，只有在（领土主权）国家的存在已被认为是一种当然现象而被接受的情况下，民族主义才会出现。①

但是盖尔纳也指出，国家与民族的联姻是一种历史的偶然，而不是一种自然法则，但是民族主义的功能就是否认国家并确认民族，并最终要牢固确立这样一种思想："一个男人必须具有一种民族性，就像他必须具有一个鼻子和一对耳朵一样；其中任何特征的缺失，都是不可想象的，只有遭受某些灾难时才会偶尔发生，并且，缺失这种民族性，本身就是一种灾难"(p.8)。

总而言之，如果不是因为领土主权国家这种观念，民族主义
63 简直是一种不可思议的现象，一种极不可能出现的现象。1648年在明斯特（Münster）和奥斯纳布吕克（Osnabrück）举行的威斯特伐利亚会议（Westphalian Conference），最先设计了"统治者的宗教乃人民的宗教"的准则；后来，从1848年"民族之春"（即1848年欧洲革命），到1919年凡尔赛和平会议期

① Ernest Gellner, *Nations and Nationalism*, Blackwell 1983, pp.1, 4.

间，这个准则因其所有实用的目的和意图，而一再被重申，特别是当时的伍德罗·威尔逊(Woodrow Wilson)总统对其进行了确认和肯定；领土主权国家概念因此逐渐确立。现代民族主义(nationalism)过去是，现在仍然是一种国家之间的权力斗争，这种权力竞赛渴求的重大利益，叛乱造反、国内国际军事和外交冲突所带来的极具诱惑力的战利品，一直以来都使政治上独立的领土主权十分着迷。盖尔纳指出，“作为一种自然的、上帝给予的区分男人的方式，一种内在固有的但长期延宕的政治性的主宰力量，民族成了一个神话。民族主义有时会接受先前存在的文化，并把其变成民族，有时会创造民族，并毁灭先前存在的文化。无论好坏，这就是现实，一种往往无法逃避的现实”(p.47)。

在今天，出现了各种各样的思潮，想要否定和改变无法逃避的现实和对脚下坚实土地的渴求与执念，但是这二者尽管受到这些思想的不断冲突，却仍然能够很好地相互呼应。安伯托·艾柯有一篇论文，名为“传媒的扩散”(The Multiplication of the Media)，被收入《忠于虚假》(*Faith in Fakes*)[①]一书。该文指出：“我们知道，今天的广播和电视所提供的信息是极其多元的，任何人和机构都难以控制这种多元性，每个受众都可以用手中的遥控

① Umberto Eco, *Faith in Fakes*: *Travels in Hyperreality*, Vintage 1995.

开关来选择自己所需要的信息，形成自己的观念。”但是，“在今天，什么才是一种大众媒体？某个电视节目当然也是大众媒体”，不过，

> 报纸广告……印有或绣有生产商 logo 的保罗衬衫的报纸广告，
> 64 难道就不是大众媒体吗？我们拥有的不只是一种大众媒体，而是两类、三类也许多类大众媒体，它们通过不同的渠道在发挥作用和运行……而此刻，是谁在发送信息？……再也没有权威，一切都由自己确定（这是多么的惬意！）……权力变得难以捉摸，不会再告诉你“计划”来自哪里。计划当然肯定是存在的，但不再是被有意识地设计的，因此用传统的审核和意图，没法再评论它。

艾柯写这篇文章的时间是 1983 年，所以他把广播和电视作为大众媒体的主要代表，视广播和电视为大众媒体这幕大剧的主要演员。如果这位作者再活得长一点，能够更新这篇文章，把万维网无线数字时代的因特网、可放入口袋的移动终端、触摸屏电脑纳入研究范围，那么他一定需要研究和明确回答更多的、更严重和更麻烦的问题。曾几何时，我们希望信息告知会使我们更好

地辨认这个世界。以往我们在那些有问题的道路的十字路口，树立坚固稳定的风暴和防洪信息指示牌。但是，现在的信息告知，使指示牌完全是移动性的，被搬到界面友好型的屏幕中的十分顺溜的轮子上，人们用单指触碰删除键就可以滚动，并进行推送。这是一种极受欢迎的设施，那些在僵硬但绝望的湍流中，在臭名昭著的、混乱和迷惑的世界中寻找“舒适区”的网民，越来越频繁而快意地使用这种设施。每个人的个人电脑中，都有这种便利设施，它们从多通道噪声中同样容易地分解与组成信息，并来到主人的身边。但是这两种情况，只有直到“另行通知”之前都有
相似的风险。在提供这样的便利设施的世界中，引入卫星导航系 65
统的地图，需要比以前更经常地更新，而很多司机都会发现，它们会很快过时、容易使他们迷路。

吊诡的是，“过去”为建构这种舒适区提供了一种最便利的、最具吸引力的和最诱人的地址。同样吊诡的是，因为“过去”被认为是一个储存不可改变的既成事实（faits accomplish）的大仓库，点缀着不可能事后再去填满的空余空间，所以原则上它会严格限制信息组成者的自由，并极其严重地限制可供选择的设想的数量。如果人们严肃地对待和真诚地遵守德国历史学家利奥波

德·冯·兰克（Leopold von Ranke，1795—1886）的要求，视过去的事件仅限于那些“实际发生过的事件”，那么很多想回到过去的人，就会放弃这种优先的偏好和选择。但是，鉴于史学研究很难遵循兰克的要求，因此历史理解中特有的争端（querelle）也难以解决，这原本可以打消他们希望从“过去的事实”中建构一种具有可防御性的“舒适区”的想法。然而，这是不可能的。

相反，过去具有不可消除的晦涩性，人们对过去事件的理解具有多样性，使任何的历史叙述，想要与“实际发生的事情”相符都是不可能的，相反，历史叙述是具有争议性的，是不完善的。这对于一个专业史学家来说，是一种严重的刺激，但这恰恰是“过去”的优势，可以吸引人们寻找防御战壕来保卫他们的信念。正是这种不可解决的争议，以及无法判断各种叙事到底谁对谁错，
66 使那些忠诚于过去者，可以死抱他们的看法和信念，然而，他们的对手所提出的主张，可能更加的重要。

在信仰问题上进行的争辩，目的往往不是取得一致性，而是显示对方是无可救药地无视“事件的事实”，而致命地沉湎于预谋。各种不怀好意的意见和裁定，使个人证明自己的诚实变得多余。倾听对手受到强烈的反对，同情对手被视为相当于自杀

的致命大错。还有，美国当代语言学家乔治·拉考夫（George Lakoff）[①]提醒当今政治场景或其派系中有抱负的行动者说，“在你主张反对另一方时，不要使用他们的语言”(p.1)。加州大学的杰弗里·纽伦堡（Geoffrey Nunberg）认为，拉考夫的《不要想一只大象》（*Don't Think of an Elephant*，2014）一书，把探讨语言的微妙与理解现代政治的复杂性完美结合在一起，诺贝尔经济学奖获得者乔治·阿克洛夫（George Akerlof）也认为这是部“天才的作品”。与政治行动者广泛接受的神话相反，各种交流和沟通渠道的使用者，无论何时，对于来自被先验地打上“他们”标签的发出者的信息，都只会选择性地听取其中符合自己利益的信息。“他们”是“我们”的先验的、应受诅咒的敌人。听取这样的敌人发出的信息，是对“‘我们’身份的背叛，威胁并干扰我们的决定，伤害我们所归属的世界——我们的世界——的基本元气。”拉考夫警告说，“人们并不一定会为了他们自己的利益而参加投票，但是一定为了他们的身份而参加投票，为了他们自己的价值而参加投票。他们会投票支持与他们身份相同的人。因为后者可能认同他们自己的利益。这种情况完全是可能的。并非人们

① See George Lakoff, *Don't Think of an Elephant*, Chelsea Green Publishing 2014.

从不关心他们的自我利益，但是他们通过投票来决定他们的身份，并且如果候选人的身份符合他们的自我利益，他们将投票支持之。
67 理解这一点，十分重要”(p.17)。

他还补充说：“事实从我们的左耳进入，立马又从我们的右耳出来。我们不听事实，或者不把事实当成一种事实而接受，或者我们被事实迷惑。为什么任何人都那样说？我们偏要把事实标为非理性的、疯狂的或愚蠢的。”并且，我们通过代理人，把那种标签拓展到那些说事实者身上，“从而使说事实者在说出事实之前就被打上非理性、疯狂或愚蠢的标签”(p.16) 。

对于这种为了保持个人的身份，而不惜牺牲自我利益的惊人现象，尼采（Friedrich Nietzsche）提出过另一种解释。他认为，“仅仅是要成为一个更高等的人、有更高等的要求等等遗传性情感，就会使一个人变得相当冷酷无情，从而使他自己的良心无动于衷”。并因此，“自我中心主义（egoism）不是邪恶”，其恰恰正是“他人必须经受和学习的事实，并且这种学习过程永远也不会完成”。然后，他说：

> 恶意本身的目的，并不是要让对方经受痛苦，而是为了我们自己的快乐享受……每一次“戏弄”的实例都表明，它给我们一

> 个借口，来向他人施加权力，并体验自己的优越感这种快乐……（最为关键的就是，一个人）只有在他人的苦难中，例如在戏弄他人中，才会发现自己的优越感。[①]

在欧洲文化中的价值论（axiological）趋势刚要萌芽，远未形成而只是隐约出现之时，尼采就极其敏锐地指出了这种趋势，并因此受到后世的赞扬。但是整个西方的情况如何？全球也可能出现这种情况吗，或者已处于这种趋势之中？对此，尼采没有也不可能设想和揭示一种包括了脸书、推特、聚友（MySpace）、领英（LinkedIn）的世界。在这个世界中，建立或打破人际纽带的行为，把他人包括进生活世界之中或排除在生活世界 68
（Lebenswelt）之外的行为，总之是划分“我们”－“他们”边界的一切行为，都同时即刻呈现，并只需指尖的几个动作就可以完成。现在，每一个人在任何时刻都可以极其容易地进行和实现这些行为。在这样一种世界中，一个人“对另一个他人实施权力”的可能性，以及因此而品尝“自己的优越性之快感”的机会和场合，都变得毫无制约和无限的多。它们也超出了道德评价王

① See Friedrich Nietzsche, *Aphorisms on Love and Hate*, Penguin Classics 2015, pp.21, 29–30.

国而进入了审美的空间，而正如康德（Immanuel Kant）所言，这是一种无关经济利益、非工具性的和自成目的的体验场域。他者被泼上各种污名和脏水，分配给他者的主要——常常也是唯一的——角色，就是扑灭他自己对优越感的渴求。以数字化的诽谤、中伤、辱骂为例，这种寻求自我满足之方法的诱惑力，正在急剧变大，因为它是匿名的，在很大程度上是无法被起诉的，所以很有可能不受控告，逃脱惩罚。

正如《卫报》专栏作家林迪·韦斯特（Lindy West）在2016年3月11日的《纽约时报》上所指出的，“有些人认为，比实际上是种族主义者更糟糕的，是被称为种族主义者”。在这种文化中，很多人可能视这种数字化便利为上帝的礼物。那些热情支持唐纳德·特朗普的人，会频繁举行集会。在一次集会上，有位肯珀（Kemper）女士激动地透露了自己怀疑的心声。她说：“我认为，这个国家最好回到那些伴随我父辈、祖辈成长的部分价值观……不管是什么，只要错了，他们都会指出来并告诉我
69 们。”[①]颇受欢迎的特朗普先生（Mr Trump），不需要打草惊蛇，不需要露出自己的脸，只不过通过一个平凡的小小麦克风，在公

① www.nytimes.com/2016/03/11/opinion/campaignstops/what-are-trump-fans-really-afraid-to-say.html?emc=edit_th_20160311&nl=todaysheadlines&nlid=43773237&_r=0.

众中发出自己的声音，兜售私下对着智能手机说话或敲击平板电脑的虚拟键盘而半公开地打磨和形成的思想，就拧开了那把对美国进行在线格式化的钥匙。特朗普先生只不过是大量的且数量还在不断增多的“愤怒政客”中的一个样本和代表，不过是一个最引人注目和最有恶名的代表。正如哈佛大学教授、著名经济学家丹尼·罗利克(Dani Rodrik)在《欧洲社会》(*Social Europe*)杂志上发表的论文标题所言，他们是“愤怒的政客”。罗利克说：“在更高程度的全球化经济与社会内聚之间，发生了各种真实的冲突。……在这一过程中，有两种政治性的分裂在日益恶化。其中一个是身份认同的分裂，人们按照民族、族群和宗教等维度，出现了身份认同的日益分裂。另一个是收入分裂，这种分裂按照社会阶层而展开。正是这两种分裂，使民粹主义者获得了吸引力……在这两种情况中，都存在一个明确的‘他者’世界，而愤怒可能直接导向这个他者世界。……民粹主义者之所具有吸引力，就在于他们支持那些被排斥者的愤怒。”①

在这种背景下，让愤怒永久燃烧和发光，是民粹主义者获得成功的最佳秘方，那些被排斥者和抛弃者的愤怒，对于民粹主义

① http://printfriendly.com/print/?url=https%3A%2F%2Fwww.socialeurope.eu%2.

者而言，是一座独特的富矿，民粹主义者可以从中不断获得大量的政治资本。并且，他们推广和使用这种政治资本的方式，往往极具“误导性和危险性”，所以在可以预见的将来，这座矿产的产出和供应根本不可能耗竭。与在奥斯威辛（Auschwitz）或特雷布林卡（Treblinka）焚尸炉中被焚烧的尸体不同，这座矿产的产生
70 和供应不需要额外燃料，不断燃烧的愤怒为其自己传送着热量。

当今世界的一个重要特征，就是精英可以自由地在全球漂移，而其余的人被牢牢地固定于地方，面临被排斥的前景，别无选择，恐惧而又愤怒，而且这两种人之间的鸿沟在日益扩大。俄罗斯作家瓦迪姆·尼基丁（Vadim Nikitin）[1]指出，在这样的世界中，“回到部落”政策或策略——号召建墙、扎紧国界、引渡和驱逐外国人——对于众多地位日益下降和被抛弃的人们，预示着“庇护和同情，而不是仇恨和分裂”。但是，这些政策和策略实际上预示的是，对某些人（“我们”）的庇护和对另一些人（“他们”）的仇恨。那些好斗、冷酷、阴暗、原始和粗暴的部落做法，被披上了荫佑、保卫“共同体”的面纱。拉考夫则指出，这种共同体——与其诱人而虚伪地许诺的安全一样——是具有双重面孔的“框架”

① www.independent.co.uk/voices/donald-trump-is-just-the-kind-of-president-america-needs-a6924986.html.

(frames)，让微笑布满自己的、享受免于麻烦之自由的成员的脸上，却使沦落和排斥的威胁写在他者的阴郁沉闷的脸上。拉考夫还指出，安全隐喻（即“始终遏制坏人，并把之排除在外”[①]）使我们想到的是，保卫我们的边界安全，使他们及其武器不得进入我们的入境机场，在飞机上增设警察等。

大多数专家都认为，这类措施注定收效甚微，因为一个聪明的恐怖主义分子可以渗透任何安全系统。然而，只要地方的——本土的，不同于外来的——图式和信条继续存在，专家们的意见就不会起多大作用。相反，起作用的是，这种共同体框架对我们的心智活动会保持巨大的影响力。拉考夫指出：“这种共同体框架是一种精神结构，影响着我们看待世界的方式。最后它会影响我们寻求何种目标、制定何种计划、采取何种行动方式，以及我们对行动结果的善恶评判。”[②]还有，这种“共同体”框架塑造了我们的世界观，以及我们在世界中的存在模式，这种模式在寻求内 71
部整合的同时，积极寻求外部分离：一方面是寻求家园的舒适性，一方面视外部不可栖居；一方面对内部友好，一方面认为外部是陌生的、值得怀疑和警惕的。现在，民族主义现象是那种世界观

① George Lakoff, *The All New Don't Think of an Elephant*, pp.108–109.

② Ibid., pp. xi–xii.

和那种存在模式的缩影。

*

英国民族和民族主义专家安东尼·D. 史密斯（Anthony D. Smith）提出了一个问题："人们一度认为，民族主义在第三帝国（Third Reich）的诸神黄昏（Götterdämmerung）中已经自我燃尽，但是为什么还不到四十年，猛烈的民族主义之火又被点燃了？"他认为，"其实民族主义之火从未被扑灭过，只是我们的视野，被我们罪恶地实现了它们那些可怕的后果而遮蔽了"，这样我们就能够理解这一问题了。[①] 甚至在西方，种族的民族主义（ethnic nationalism）在"社会民主与自由主义"的薄纱下，也存在下来了。而这一点导致史密斯得出如下结论："在现代世界中，民族与民族主义仍然是由各个国家构成一个自由社会的唯一现实主义基础。"

不过，我们可以认为，民族、国家和领土主权"这类框架"之所以继续存在，原因在于，在这个国界纵横交错、界桩重重阻隔以及移民官员严格控制移民的世界中，相关的生活经验仍然坚实存在，丝毫没有消退。本人认为，正是这种经验，是关于"我

① Anthony D.Smith, *Nations and Nationalism in a Global Era*, Polity 2007, pp. 51–52.

们”和“他们”的划分（换言之，通过分离而整合，通过整合而
分离）等等问题的根源。正如史密斯所言，“任何文化要素都可 72
能成为民族的区分标志和象征。但是，在特定的环境下，有可能只是某些文化要素被选择来作为更为重要的区分标志”(p.150)。有的学者甚至走得更远，否认存在一种“一致性的民族主义原则”(p.149)。史密斯本人应该不会赞成这种看法。但他同样认为，所有民族主义都有一个共同特征，就是民族主义是“那些被民族的某些成员认为代表了整个‘民族’人口群体的人所进行的一种意识形态运动，其目的是为了获得并维持自治、统一和身份认同”(pp.149–150)。

史密斯在其巨著《民族与民族主义》中，只有一次提到伟大的挪威人类学家费雷德里克·巴斯（Fredrik Barth），并且是在论述“现代主义在处理民族问题上存在的诸多缺陷”的一章中提到的。他在没有进行广泛讨论的情况下，就驳斥了巴斯关于社会边界比文化差异影响更大的主张，但是他有条件地接受了巴斯关于“社会边界的缺陷”的深入分析。在承认巴斯“并非纯粹的工具主义者”的同时，史密斯也仅是认为“族群身份在某种程度上是先在的，‘外在地存在于那里’”(p.164)，而没有深入探讨“外

在地存在于那里”到底意味着什么。

事实上，我完全赞成巴斯所创立和领导的学派及其重要学说，正如其最重要的研究著作《族群与边界：社会造成的文化差异》所表达的，巴斯把文化差异视为社会边界实践的派生物，这是站得住脚的。用巴斯自己的话来说，就是他的方法和路径与众不同，他“试图探索那些产生和维持族群群体的不同过程，……
73 而不是对族群群体和关系进行类型学的研究”；“调研的焦点从分离的群体内在构成和历史，转向族群边界及其维持”。[①] 巴斯指出，关于民族问题的研究者，往往“把拥有一种共同的文化，视为民族的中心和关键特征。……但是，我们应认为这种关键特征是族群群体组织的一种结果或内涵，而非身份界定的首要特征，这样可以深化我们的研究”（p.11）；“从这种角度看，研究的关键焦点，就应是界定群体的族群边界，而不是其包含的文化要素”（p.15）。在巴斯看来，我也完全认同，把他者塑造成文化上的异乡人、假定的共同理解边界的派生物，意味着“完全只与假定的具有共同理解与共同利益的领域范围内的人打交道”（p.15）。

① Fredrik Barth, *Ethnic Groups and Boundaries: The Social Organization of Culture Difference*, Waveland Press 1998, p.10.

埃里克·霍布斯鲍姆（Eric Hobsbawm）在其经典著作《1780年以来的民族与民族主义：纲要、神话和现实》（*Nations and Nationalism since 1780: Programme, Myth, Reality*，2006年第13版）中指出："自该书二十世纪九十年代早期首次出版以来，与本世纪其他时期比，形成了或者正在形成更多的新民族……今天所有国家都是官方的'民族'，所有的政治都倾向于反对外国人，实际上所有国家都急于要把他们排斥在外，不得入内。"[①]

在人类生活经历有文字记载以来的、长达四十年的最快速和最深刻的突变之后，我们中有如此多的人感到悲愤、不确定和迷失方向，"他们"应该也必须为此而遭受谴责。那么"他们"是谁？显然，他们是那些"不是我们"之人，那些陌生人，那些因为他们的陌生性和异乡性而成为我们的敌人者……如果心怀叵测的外国人并不存在，那么有必要将他们虚构或创造出来。但是在 74
我们的千年之末，他们很少需要我们来虚构，他们就像公共危险、化学污染一样，已经普遍出现在我们的城市中，我们可以辨认和发现，他们超越了我们的边界和控制，却在仇恨我们和以阴谋来

① Hobsbawm, *Nations and Nationalism since 1780: Programme*, *Myth*, *Reality*, Cambridge University Press 2016, p.163.

对待我们。(p.174)

有些人认为，民族主义的爆发以及由此产生的政治上独立的新单元——与地球上人类已分裂成的那些单元一样的单元——都是历史“客观”规律不可替代、无法选择的自然产物，是人类所有存在模式的一种不可分割的特征。但是，霍布斯鲍姆的看法却恰恰相反，他不断重申，民族主义的爆发终归是人类选择的结果，而且正是因为它们是人类选择的，结果才有所不同。“描述 1988—1992 年的分裂主义的明显爆发的最简单方式，就是……把它们视为 1918—1921 年没有完成的事情”(p.165)；“十分吊诡的是，列宁（Lenin）与伍德罗·威尔逊有着相同的‘民族’概念，同样对它抱有厚望，并且都自动地创造了一条断裂线，沿着这条断裂线，多民族的单元……被打破，正如 1880—1950 年列强的殖民地边界，成为了后殖民地国家的边界一样，因为不存在其他可选择的边界”(p.166)。换言之，正是一系列的人为选择，导致了别无选择的情形。①

在第一次世界大战之后，胜利者们聚集凡尔赛，最终确立并认可了每个民族的领土独立和主权是普遍的、全球性的约束准则。

① 正如马克思在《路易·波拿巴的雾月十八日》中深刻指出的，“人们自己创造自己的历史，但是他们并不是随心所欲地创造，并不是在他们自己选定的条件下创造，而是在直接碰到的、既定的、从过去承继下来的条件下创造”。

但是，其实这些胜利者当时还存在另一种选择。那就是，人们希望建立在该准则之上的世界秩序，可以终结人类历史上漫长的族 75
群间的血腥冲突，可以阻止所有未来的战争，可以使一战成为人类历史上的最后一次战争。但是，后来发生的情况则是，伍德罗·威尔逊所倡导的这种解决方案，实际上是为通向目前为止人类史上最为血腥的战争铺平了道路。

上文的另一种选择，在汉娜·阿伦特（Hannah Arendt）称为“混合人口带”的欧洲地区得到了应用。数个世纪以来，大量的族群、宗教和语言人口群体生活在这里，他们彼此相邻，交错杂居。如果源于1648年威斯特伐利亚方案的凡尔赛模式在这里得到合法的应用，那么我们不清楚的是，在这一地区中存在的大量语种、宗教或族群文化知识中，哪一种将设定团结和统一这个未来政治单元中的人口的标准。对此，盖尔纳在《民族与民族主义》中指出：

> 人们常常习惯于评论民族主义的力量。这是一个重大的错误，但是这很好理解，因为民族主义不管何时生根发芽，其影响和流行情况往往都会轻松超越其他现代意识形态。

> 然而，理解民族主义的线索，就是其弱点，至少与其优势一样多的弱点。正是那只午夜不叫的狗，为福尔摩斯（Sherlock Holmes）破案提供了关键线索，认定凶手是那只狗认识的人。不叫的、有潜能的民族主义的数量，要远远多于会叫的民族主义，但是我们往往只关注后者 (p.42)。

盖尔纳关于这两种民族主义的“粗略统计”(p.44)“使我们看到，有影响的民族主义只是所有民族主义的十分之一！……有一种
76 有影响的民族主义，就有 n 种潜在的民族主义，……不能激活它们潜在的民族主义，甚至根本不会去尝试”。但是，在盖尔纳进行统计的三十年后，我们看到，在全球各地，“n”值不减反增，只是速度各不相同罢了。随着相互依赖的全球化正在把绝大多数甚至所有“领土主权实体”渐渐地但持续地变成一种幻象，以往为领土的政治分离赋权的准则，也渐渐地但持续地变得不再那么严格。这种环境本身就是促使人们产生“回到部落”的倾向的最有力的因素之一。

有一个最突出的“混合人口带”，那就是奥匈帝国（Austro-Hungarian Empire)，上文所述的替代性选择在这里得到应用和扩散，而这类地方大多属于政治光谱中的社会－民主地区。这种

替代方案是一种文化上的，但不是领土上的和国家－政治上的族群自治。简言之，人们所讨论的选择，归根结底是把“民族问题”与领土分离开来，而与“个人原则”联系起来，认为民族的自我身份认同是一种个人选择之事，而不是由国家行政来进行安排和指定。主张和促进这种选择的著述很多，其中最具代表性的也许是奥地利马克思主义者、社会民主党领导人奥托·鲍尔（Otto Bauer，1881—1938）1907年出版的《民族问题与社会民主》（*Die Nationalitätenfrage und die Sozialdemokratie*）。[1]

尽管如此，新的领土独立分裂仍在不断增多，然而，各个民族共有“反对外国人”的同一倾向，又绝对不是什么新现象。事
实上，正如霍布斯鲍姆提醒我们的，齐美尔其实早就注意到：“务 77
必使某些敌人存在，以使成员整体有效，群体保持统一意识至关重要。这甚至成了一种所谓的政治智慧。”[2]对于以领土为基础并栖息其上的民族－国家，军事、经济与文化是其主权的三大支柱。但是，由于日益高涨的金融、贸易和信息的全球化浪潮，这三大支柱都折断了。越来越多的、实际的和有野心的政治领导人，除了向其选民鼓吹一种“统一体意识”外，毫无他法。这些

[1] Otto Bauer，*La question des nationalités et la social-démocratie*，Guérin Littérature 1987，pp.250，364ff. 他认为上述两大原则都是确保民族身份持续性的重要方式，也是确保各族群在“民族大杂烩”奥匈帝国和平共处的重要手段。

[2] Hobsbawm，*Nations and Nationalism since 1780*，p.175.

政治领导人，从遥远而模糊含混的过去中为这种统一体意识寻找根源。这些政治领导人还说，现在那些他者——陌生人、外国人、异乡人——已经涌到我们的家门口，充斥于我们当中，并怀揣狡猾的计划和卑鄙的阴谋，因此保持这种统一体意识是正当的和十分重要的。的确，这应该就是这些所谓的政治领导人寻求、找到并应用的唯一“政治智慧”。《纽约时报》关于时间哲学的“石头”(The Stone）论坛负责人布拉德·伊万斯（Brad Evans）曾访谈过我，他问：“你认为当下正在吞噬欧洲的难民危机，是人类逃避迫害史的又一个章节，还是什么不同的事情？”我回答说：“是的，这是人类逃避迫害史的又一个章节。”不过，现在我想补充的是，虽然它是人们习以为常的人类逃避迫害史的又一个章节，但其中又包含了一些新的内容。

*

在现代，大规模移民并非一种新事物，它也并非由各种情况和环境的某个特别的、一次性的串联而激起的偶发事件。它实际上是现代生活模式所导致的持续而特定的后果，这种生活模式执迷于建构秩序和实现经济增长。现代生活模式的这两个特征，使这个世界出现了越来越多的“多余的人”，由于本地无法雇用或容

纳这些人，他们不得不背井离乡，去寻找避难所或更有希望前景的生活机会。 78

事实上，随着现代生活方式从其起源地欧洲扩散到全球其他地区，移民潮持续不断地循环，并不断改变其方向。直到欧洲仍是地球上唯一“现代的”大陆之前，地球上的剩余人口就在继续不断地被卸载到仍属“前现代”的土地上，这些土地不断被殖民定居者、战士或殖民行政管理官员“回收”。据说在殖民帝国主义的全盛时期，至少有六千万欧洲人离开欧洲去到南北美洲、非洲和澳洲。自二十世纪中期始，移民轨迹却来了一个转向：从背离欧洲而去转变成向着欧洲而来。但是，这一次的移民，在整个移民过程中都没有携带武器；他们也没有征服他们的目的地之土地的目标。在后殖民时代，一直以来移民都在用其传统的生活方式来换取勉强的生存，但现在这种生活方式却被其前殖民者所推行的成功现代化破坏了，他们不得不背井离乡，以期在殖民者祖国的经济缝隙中获得建立一个窝的机会。

然而，雪上加霜的是，那些殖民者离开后，人为炮制了数十个名义领地主权“国家”，在这些国家中没有多少稳定前景，却有大量由前殖民者留下的武器军火库，而且前殖民者还不断地提供

武器，怂恿和挑起事端，从而导致了数十次内战，无数的族群与宗教冲突，而土匪抢劫也横行无忌，所有这些都导致背井离乡者
79 的数量不断增加。西方列强错误地制定的、愚蠢近视的和公认失败的政策，以及军事干涉，导致了严重的后果，使得中东地区暗无天日、混乱失序。当然，中东地区是这种移民类型中最值得注意的一个案例，但它无论如何也不是唯一的案例。事实上，非洲的大片区域，特别是南北回归线之间的热带地区，已经变成了一个超大规模的难民制造厂。

米歇尔·阿吉利尔（Michel Agier）对大规模移民的性质与后果进行了深入的研究，他警告说，现在有估计表明，在将来的四十年中，将会出现十亿“流离失所者”，“在资本、商品和文化相继被全球化之后，人的全球化时刻终于最后也来到了”[①]。但是，这些流离失所者，是一些没有自己的地方的人，也是没有地方供他们合法声索的人。正如阿吉利尔所指出的，他们的旅行本身并没有明确的最终目的地，而是一种盲目的迁移，使他们永远陷入“没有地方”的状态，在这个共同的世界中，就是没有他们的地方(pp.20–21)。但是，这些“没有地方”的难民却在我们的社区中，

① Michel Agier，*Le couloir des exilés: être étranger dans un monde commun,* Éditions du Croquant 2011，p.95.

例如他们来到罗马和米兰的火车站，或者在贝尔格莱德中央公园安营扎寨。他们是在厄运重击之下不得不旅行的人，而我们却是幸运的、可以自由选择是否旅行的“本地人”。当我们自己面对面地遭遇这些“没有地方”者，而非只是在安全距离外和电视屏幕上观看他们，真是一种让人震惊的经历。这种难民潮带来了世界性的混乱，也把所有恶魔都带到了我们的家门口。全球化及其所有让人讨厌的负面效应，不再是“外在地存在于别处”，而是降临到我们这里，来到我们生活的街道上，来到我们上班和小孩上学途中需要穿越的众多地方。

但是，那种为了本土安全，用各种隔离措施把自己隔离开来，以使全球性的灾难远离我们的想法，与待在家庭庇护所里以
躲避核战的后果的想法，已经同样不可能了。全球问题需要全球 80
性的解决方案，任何其他选择都不可能消除它们。如果认为，只要它还只是发生在其他地方，还没有发生在我们自己的后院，就可以袖手旁观，让问题继续恶化，也是不行的。根本的和最终的应对之策，远远超出了任何单一国家的能力范围，不管这个国家有多大和多强，甚至由几个国家组成的联合体如欧盟，也不能解决这个问题。欧盟国家在欧洲、非洲和亚洲建起了数处集中营，

并把“移民”限制在其中，或者让他们消失在地中海和太平洋的海水中。

对于民族的精英－知识分子发起者和促进者而言，部落是“原始的”“太古的”，应通过“合理化”而穿上“新的和改进”的“民族”服装。但说到底，部落是人类的产物，也只是人类的产物，需要把人类共同的存在状况的不可理解性以及因此而让人无能为力的复杂性，简化到人的感觉和智力能够领会的程度，一种“明摆着”的不言而喻的程度。

自人类产生以来，这种简化就通过把人类世界划分成“我们”和“他们”而实现了，我们是道德责任王国之内的人，他们是那些被抛在道德责任之外的人。正如法国哲学家、犹太人勒维纳斯（Levinas）所指出的，这种划分过去是（也许将来仍然是）形成一种“在社会中存在”模式的不懈努力之不可或缺的重要部分，这种模式需要以“对他者绝对负责”的原则和要求为基础，也只有以这种原则和要求为基础，所有人类才实现共存。从对所有人和任何其他人具有绝对的和无条件的责任之原则被塑造成圣徒的标准，而不是缺少圣洁性的动物的标准的意义上看，这种分割是完成那项工作的必要工具。而我们大多数人，都不是圣徒，所以

这种分割很可能也许也应该还要持续下去。 81

到目前为止，存在两个平行的压力，使得那项工作只能迂回曲折地进行，并且极费周章。其中之一是，“我们”的数量在不断增长，从一群狩猎和采集者，变成了今天民族－国家的“想象的总体”。另一个则是，存在“文明化的”过程，即一种“软化民风”的过程，通过这个过程我们持续拓展“我们”的栖息地，并因此不得不承认、接纳和吸收无休止地增多的陌生人，用“文明的忽视”或只是口头的、符号性的战争，来代替拒绝的冲动、对陌生人的本能性的好斗和十足而不可消减的敌意。然而，这种压力无论在什么地方，都还达不到可以改变数千年来“我们 vs 他们”的古老游戏规则的程度。当下大规模的陌生人洪流，已经使我们措手不及，而这种洪流还远远看不到头，且数量极有可能还会增加而不是减少，迫使我们竭力要回到那些部落中去。

在 2016 年 1 月 14 日的《纽约时报》上，罗杰·科恩（Roger Cohen）[1]指出，从 1880 年代到 1924 年之间，美国接纳了 400 万意大利移民。他引用布鲁金斯研究所里昂·威塞尔特尔（Leon Wieseltier）的话说，“我们得到了恩里科·费米（Enrico

① See www.nytimes.com/2016/01/15/opinion/fermisinatra-dimaggio-and-capone-american-immigration.html.

Fermi)、法兰克·辛纳屈（Frank Sinatra）、乔·迪马乔（Joe DiMaggio）、安东宁·斯卡利亚（Antonin Scalia），以及艾尔·卡彭（Al Capone）。因此，但凡头脑正常者，都会认为意大利移民对我国未尝不是一件巨大的好事”。罗杰·科恩继续写道：

> 奥巴马在国情咨文演说时，展示了一个叙利亚难民哈莫
> 82 （Refaai Hamo），并认为那就是“我们的多样性和我们的开放性的证据”……但是，如果考虑到在将近五年的战争、大约25万人被杀害的情况下美国向叙利亚难民提供的开放性程度，这种政治上的编排和表演，完全就是一种严重的放肆。

> 在那漫长的五年时间里，美国总共接收了大约2 500名叙利亚难民，大约相当于逃离该国的440万叙利亚难民中的0.06%。因此，我们也许更应把哈莫“理解为美国人的心扉正在关闭的一个象征”。不过我要补充的是，这种关闭，本身又是我们以加快的步伐逃回部落的适当证据。

就在几天前，《纽约时报》2016年1月8日的社论说道：

> 自新年以来，政府不断派特工进入家庭，为私闯民宅提供榜样，捍卫安全边界的原则。如此动情地谈起这里的儿童因枪支暴力死亡的总统，却已承担起了单程送母亲和孩子到我们这个半球中这类死亡人数最多的国家（洪都拉斯、危地马拉和萨尔瓦多）的任务。可是，母亲与孩子，对我们的安全并不会构成实际的或想象的威胁。[①]

那些背离所有多重的历史、把无论是遥远的或在可以触及范围内的人们分裂为“我们”与“他们”的倾向和动因，至今仍然毫发无损地存在，但它们所设计和促进的行为模式可能发生了改
变。乌尔里希 · 贝克尖锐地批评我们的世界主义意识远远滞后于 83
当下已经是全球化的生活现实，所以“人类”仍是一种幻象，一种不可理解的实体，在精神上和实际上还不可同化，那么个人对于身份认同的寻求，就将仍需一个参照点，才能在一个充满了他者的世界中，应对追求和保有个人自己所处位置的内在外在压力，使自己的选择得到他人的承认和赞同：“我之同类”与“非我同类”、“归属”与“排异”等等，简言之即我们 vs 他们，都是自我

① See www.nytimes.com/2016/01/08/opinion/a-shameful-round-up-of-refugees.html?/emc=ed.

身份认同中不可缺少的工具，并且在将来很长时间内仍会存在和发挥作用。也就是说，为了“我们”的存在，“他们”——“不是我们”——必须存在，或都必须被魔法般地召唤出来，或者必须幻想出来，并且在其所有的表演或舞台中，他们要么的确存在，要么被创造出来，要么被指定甚至想象出来。人们倾向于认同或反对的所有或部分群体之规模不断扩大，以及内群体所有或部分成员互动的软化（“文明化”），都只不过是量的而非质的变化、形式的变化而非功能的变化。

*

不管是有意识地选择的，还是一出生时就具有的默认的、被动地接受的部落身份和民族身份，往往承载着严格的要求和准则，也就是说，“归属”倾向真的完全具有“生死攸关”的特征，不可商量，没有条件可讲。“为了群体的利益，而牺牲自我的生命”，似乎是部落生活模式不可分割的部分，差不多也已成为归属于民族－国家这种“想象的总体”中所假定的最终考验。民族国家这种现代形态，在宣告与部落的过去完全决裂的同时，又继承了部落的过去的传统遗产，但仅仅继承了那个准则，而拒斥了其他的
84 内容。但是后来，随着依靠大规模征兵和大规模征收公众财产的

战争，被操作复杂技术的专业军队取代，以及战争不再是通过领土征服来实现经济剥夺，那个可怕而残酷的准则又立马变得多余，甚至讨厌并禁锢生产力，而一旦变得多余，就会被撤销或者死亡。

但是，如果我们不把最近的信息化和数字化革命考虑在内，那么上述关于暂时“远离部落”，以及现在又“回到部落”的分析，都是不完全、不完整的。数字信息日益自动进入越来越多的人的日常生活中，只是技术史上的一个新篇章。但是，数字信息越来越普及，并且完全真的是“去领地化”流动，现在更是与我们的身体流动同步进行。实际上，对于我们大多数人来说，数字信息正在变成一种不可分割的东西，并且对我们的所有实践意图和目的产生密切的影响，拓展了我们的身体——这是一种通过任何应用其他技术，不可能获得，也不可能关注，更别说企图谋取的性质；所有这一切，完全彻底地改变了我们的意见选择集，并导致我们对熟悉的刺激产生了可怕而大量的、以前从未面对但现在已经实际存在的反应；同时，还使我们拥有了一种能力，来产生许多先前不曾遇到的全新刺激，释放出先前从未试过和验证的冲动和行为。反过来，我们根据工具理性逻辑行事（“让我知道这个设备能用来做什么”，以及“因为它是这个设备可以做的，所以

我要做它”），新的机会、新的可能和新的机遇，使我们对可供选
85 择的行为模式的吸引力进行重新比较和评价，并通过代理人彻底
改变使从各种替代方案中选择的行为路线而不是其他路线得以成功的可能性。

然而，电子媒体是中性的，人们使用工具理性逻辑时必须、应该或者愿意遵守的方式本身无法由电子媒体来决定。基于同样的原因，新媒体促进在信息采集、网络建立和沟通交流中的选择的文化杂食性，也同样促进了选择的苛刻和古怪性，而信息采集、网络建立和沟通交流这三个方面，是那些媒体最通常的用途。它们鼓励开放性以及汉斯·伽达默尔（Hans Gadamer）所说的“视域融合”，但是它们同样鼓励人们完全与那些被认为是笨重、不便、不安的所有事物相隔绝，并傲慢地抛弃这些事物。这些多重优势与严重的局限，都是离线世界无法相比的。它们能够增进人类的选择，能够帮助人类增加其选择得以实现的可能性。但同样可以肯定的是，它们并不能决定那些选择，更不能确保人类一致而坚定地实现他们的追求。它们能够一路看着人类，直到人类结合自己的创造性设计，以某种形式实施和应用它们。

第四章

回到不平等

英国作家本杰明·迪斯雷利（Benjamin Disraeli，1804—1888）在1845年出版的小说《西比尔，或两个民族》（*Sybil, or Two Nations*）中，借工人阶级激进分子沃尔特·热拉尔（Walter Gerard）之口，进行了如下的宣告：

世界上有两个民族。在他们之间，并不存在交流，也不存在同情。他们对彼此的习惯、思想和情感都毫不关心，似乎他们是不同区域中的定居者或者两个不同星球上的居民。他们是在不同的教养中形成的，吃的是不同的食物，遵循不同的命令和秩序，由不同的法律支配和统治。

该小说中的主要人物之一，查尔斯·埃格蒙特（Charles Egremont）对这个宣告评论道："其实就是一个是富人，一个是穷人。"①

① Benjamin Disraeli，*Sybil*，*Or the Two Nations*，Oxford University Press 1998，p.66.

在大约160年后的2004年7月28日，参议员约翰·爱德华兹（John Edwards）作为副总统提名候选人，在民主党全国会议上发言时，再次重述了“两个民族”的主题，为二者之间的分裂杜撰了一个新名字：有者（the haves）与无者（the have
87 nots）。[1]爱德华兹指出：“真相就是，我们仍然生活在一个国家中，但在这个国家中有两个不同的美国……其中一个是所有已经实现美国梦的那些人的，他们是不用和不必担心的人；另一个是大多数美国人的，他们每天奋力挣扎以满足日常生活需要，他们没有前者的生活方式。”[2]

上述所引对于社会现状和现实前景的评估，以及在做出这种评估时它所面临的挑战的评估，有助于我们揭示逆托邦现象的根源。这两个评估相隔将近160年，但在这160年的大部分时间里，迪斯雷利消除贫困的主张，都没有什么效果。战后经历了“辉煌三十年”，在其中某个时刻，人们普遍认为必须根除把社会切割成两个民族的严重不平等，而这种不平等留下的任何遗产，都被视为一种暂时的刺激因素。二十世纪四十年代处于“社会国家”时代的门槛上，而波兰经济学家迈克尔·卡

① http://usatoday30.usatoday.com/news/opinion/columnist/raasch/2004-07-28-raasch_x.htm.

② https://en.wikipedia.org/wiki/Two_Americas#External_links.

莱茨基（Michal Kalecki，1899—1970）在1943年《政治学季刊》（*Political Quarterly*）上发表了一篇名为“充分就业的政治诸面相”（Political Aspects of Full Employment）的论文。[①]在该文中，他指出：“绝大多数经济学家现在都认为，即使在资本主义系统中，充分就业也可以通过政府支出计划而得到保证。”[②]并且，有很多博学而真知的意见都一致认为，走出程度难以接受的不平等——人们知道的那种使大量人口生活在贫困线之下的那种不平等——的方法，就是为所有人提供使其能够获得足以生存的工资的就业机会。人们也普遍认为，在与把社会分裂为富族和穷族的、不受控制的不平等之恶疾进行最后决战的过程中，政府应承担起发起者、设计者和执行者的角色。如果没有 88
政府的监督和监管，经济将无法独自达到所需要的效果。反贫困战争需要由部署和应用政治武器的政治机关来发动和进行。

数十年来，这种看法几乎逐渐变成了公理，这个时代的所有政治光谱都共同持有这种信念；人们甚至认为，这种看法确实完

① 该文基于1942年春天在剑桥马歇尔协会（Marshall Society）的演讲。See http://mrzine.monthlyreview.org/2010/kalecki220510.html.

② 然而，他充满了先见之明，并警告说，“资本家老板”会大动肝火，反对政府的这种粗暴干涉，从而动摇其统治基础。因为维持充分就业会导致社会与政治变革，引起企业领导人的反对。是的，在持续充分就业的体制中，再也不存在“解雇”，从而无法发挥其“规训”的作用。老板的社会地位和位置可能会受到损害，工人阶级的自信、自立、自决以及阶级意识都可能得到成长……企业领导者看重收益和利润，但更看重“车间中的纪律和规训”以及“政治的稳定”。他们的阶级本能告诉他们，持续的充分就业从他们的角度看是不合理的，失业则是“正常的”资本主义系统不可或缺的要素。

全“超越了左与右”的立场。但是，全球政治光谱中的不同部分，加入到共同持有这种看法者行列的原因各不相同。资本家之所以赞同，是因为似乎可以打破资本与劳动力之间的相互依赖。劳动力依赖于资本而生存，但是在“固定阶段”的现代性时期，资本要依赖于劳动力，并且大多是当地的劳动力来进行再生产以及更新财富生产能力。劳动者也持有那种看法，是因为在可以预见的将来，注定要反复地与资本产生买卖关系，因此他们急切地想创造和维持可能提高其劳动价值的条件，增加自己对将来的资本家购买者的吸引力。最后，国家也持有同样的看法，而原因正如尤根·哈贝马斯（Jürgen Habermas）在1973年——就在这一年，资本-劳动力相互依赖终结了——出版的《晚期资本主义》（*Legitimationsprobleme im Spätkapitalismus*）一书中所解释的，国家的功能就是确保资本与劳动力之间的买卖关系能够永续，并因此不得不通过补贴教育、医疗、提供体面的住处等等一切努力，
89 把劳动力维持在对于潜在买主是一种有吸引力的商品的状态，通过共同承担高质量劳动力再生产成本，以使资本家愿意向其支付其市场价值。

由于资本购买劳动的愿望和劳动力出售劳动的愿望成功地得

到了常态的满足和保证，对于国家、资本与劳动力这三方博弈者，事情似乎都得到了很好的解决，至少比人们构想的其他替代方案要好。如果他们被问起，所有这三方也许会认为，温斯顿·丘吉尔（Winston Churchill）制定的那种方案，是民主的方案（最好的政治体制）。

在资本主义政府主持与服务之下，资本与劳动力之间进入了蜜月期或者说处于休战状态。但是蜜月期和休战状态能维持多久，为什么又会突然结束，而这又是如何发生的，在公共记忆中仍是相对新鲜的问题，正处于激烈争论之中，因此还不能概括其结论。我们已认识到，这种崩溃仍然在不断发生，有很多“罪犯”造成了这种崩溃。而全球化，以及在热衷于不断地解除对资本贪婪的限制，消除保护资本牺牲者的防卫能力的各种组织和制度的政府的鼓动和激励下，老板们单边地取消了资本－劳动力相互依赖关系，似乎是当之无愧的罪魁祸首。

*

埃米尔·涂尔干（Émile Durkheim）令人信服地指出，一旦社会建构和形成的文化规范，在终极权威、有效制裁以及因此产生的一种团结和黏合力量的支持下，不再对人的选择行为进行控

制或不再明确地拒斥它们，那么常常受到这种规范的强制和影响
90 的人们，就再也不会拥有以前那么多的自信和主见，并将逐渐变成为他们的本能与冲动的奴隶。原因很简单，根据霍布斯的利维坦理论，规范强加给社会的是，人们会各自有效地抵制自己卑鄙的、破坏性的、自杀性的嗜好和肆无忌惮的情感。在罗纳德·里根（Ronald Reagan）、玛格丽特·撒切尔及其无数的拥趸与模仿者的规则之下，资本摆脱了约束，成为脱缰野马。至少从这种情况看，涂尔干的不祥预感确实已经变成了现实，这些领导者促成的事物新秩序，对具有利益冲突的劳资双方产生了完全不同的影响，而这个事实尤其能够说明问题。我们至少可以这样说，从规范的规制中解脱出来是单方面的，也就是说只是资本摆脱了规制；其最重要的后果，就是从政治上设计的和实施的规范中解放出来的资本，将把劳动力紧紧地包裹在新颁布的法律法规构成的密集网络中，同时剥夺了劳动力在互惠型劳资相互依赖关系的岁月中千方百计好不容易才获得的所有决策能力。至于正在不断进行的资本－国家之间关系的彻底检视和调整，只需指出如下一点就足够说明问题了：证券交易所热情欢迎大规模冗余资本的不断循环，它们担心的是看到政府试图提高税收或增加社会支出以缓

解这种循环导致的社会损害，对于它们来说这真是太可怕了，所以全球自由流动的金融资本会迅速做出反应，通过胁迫政府这个“罪犯”回归俯首听命的状态，它们警告说，如果政府胆敢违背资本的要求，那简直就是要“负刑事责任”。在我写作此书之时，希腊最近遭受的苦难（Golgotha）远未结束。希腊危机就充分说明了，如果政府胆敢违背国际金融资本的意志，事态将是多么的严重，而在全球媒体的渲染下，这种事态地球人都知道了。但是，91
我们应视该事件是资本给予那些有志于谨慎行事的“困惑者”的指南，而不是一次特殊的和自我造成的灾难，而且这样的事件并不会只发生一次，只要有政府胆敢违背资本的意志，这样的事件就还会发生。

据《纽约客》杂志报道[1]，收入不平等研究专家布兰科·米拉诺维奇（Branko Milanovic）“已经花了数十年时间研究收入不平等”，“甚至早在‘不平等’一词因似乎是野蛮的或社会主义之类的话语而在政治上还不被接受”之时，就开始了对不平等的研究。他的长期研究结果就是，“它是一次完美的风暴……它被富有国家的保守当权派遗忘，所以你不得不关注那些失去者。……处于顶端的1%的人，根据他们从资本或劳动力中获得的回报看，

① http://nymag.com/daily/intelligencer/20116/03.

都越来越富有。而且还出现了全新的情况。我们不应仅仅停留在资本家与工人二元分离的老思维上。现在，最富有者同时拥有了资本与劳动的两种收入”。这表明那些非“最富有者”受到了双重剥夺，他们的这两种收入会越来越少，并面临完全失去这两种收入的危险境地。在政治上，这意味着将不再是什么“分享民主制”，而“我们现在真切地看到的，越来越是一元一票，而不是一人一票”。

对于不平等已经不再有争论，而是既成事实。不管此派或彼派经济学家偏爱何种不平等测量结论，不平等测量都产生了让人吃惊的、一致承认的后果：不平等程度正在加深。自世纪之交以来，经济增长所增加的价值，几乎都全部进入了最富有的1%人口的腰包，有人说甚至全部进入了0.5%甚至0.01%的人的腰包。而社会其他人口的收入和财产水平，要么已经下降，要么预期也会下降。该过程恰自新千年之初开始，而随着2007—2008
92 年的金融危机而加速。现在，它已经使我们回到与北半球所谓的“发展中国家”自二十世纪二十年代以来长期遭遇到的相似形势。

可怜的是，只有少数几个学者“迅速报告”了当下正在日益加深的社会不平等和全球不平等状况。在全球最富有的国家美国，最富有的16万个家庭控制的资产，相当于最贫穷的1.45亿个家庭的资产总和。最富有的10%的美国人拥有86%的国民财富，而剩下90%的人只能分享14%的国民财富。根据瑞信公司（Credit Suisse）最近的报告，在全球层次上，处于全球底层的人，大约有35亿，占到全球人口的一半，且只占有全球1%的财富，即仅相当于全球最富有的85个人所占有的财富。

*

那么，这是又一种“回到过去”吗？是的，但这一次没有计划，在政治斗争中没有阐述，没有写入某个阵营的旗帜上，既不是由任何政党的政治议程设定的，在政治或经济对话中也不会得到明确的支持或反对。相反，它是一种出乎预料的——或者至少没有得到多少思考和没有包括在各种诊断与预料之中的——摆脱缰绳和不受控制的多种因素的意外后果。

而在这一过程发生和加速恶化被发现之前，已经过去了很长时间。而那种发现又需要甚至更长的时间才能得到新闻媒体的关注，进入领导性的主流政治家和公众人物的话语中。而在这两种民族（富有者与贫穷者）之间的距离，开始以巨大的速度拉开之时，新闻媒体、主流政治家和公众人物都没有关注，即使所有 93

或几乎所有社会部门似乎遵循它们一直以来被训练和预期的模式——他们的生活标准应得到提高，在好年景中要提高更多，在坏年景中，也要有中等或微小的但仍然明显的提高——也是如此。处于“上层的”那些人，比处于“下层”的其他人获得好转的速度要快得多，这种现实并不足以让平等论题成为经济、政治和社会关注中的“首要问题”（或重要问题）。为了完成那一壮举所需要的就是，使日益集中到高收入顶端阶层的财富和收入与迅速扩大的其余人口的福利，开始以相对的方向移动。而近几年来已经出现了这样的情况。温水煮青蛙式的剥夺所导致的痛苦和怨愤，会因为贫富分化的日益明显而转变成猛烈的愤怒，使星星之火渐呈燎原之势，进而使社会陷入习惯性的恶性循环，而只有进行革命性的变革，才能打破这种习惯性的循环。

那些警告冲突已经到来的零星声音，却很快因制造舆论的经济学家们的大合唱而边缘化，被有效地抑制，使人们变得麻木迟钝。特别是那些坚持哈耶克（Friedrich Hayek）（及其死后思想的翻版）、米尔顿·弗里德曼（Milton Friedman）、基思·约瑟夫（Keith Joseph）传统的经济学家们，热烈地为所谓市场那只可靠的“看不见的手”支配舞台而大唱赞歌，而在这个舞台上，“每个群体都不得不为自己而战，要与其他群体的需要发生公开的冲突”[①]。在里根和撒切尔进行的政治经济大改革甚嚣尘上的日子里，早期的警告与后来的警告一样，例如来自弗兰克·帕金（Frank Parkin）、罗伯特·海尔布隆纳（Robert Heilbroner）的警告，都很难被人听到，更别说能够抓住和获得公众的注意了。其中前者警告，“当由于种种原因，蛋糕无法再做得更大，但它却要满足日益增多的胃口时，尴尬就来到了。到这个时候，只有通过群体之间资产的净转移，各种预期才能够得到满足”[②]；后者则警告，“随着过去的使劳动者与财产所有者主张之间的深层紧张得到释放的安全阀的消除，……以及那种将导致只剩下不断扩张的资本主义的收入分配方式的盛行”，僵硬而刚性的资本主义“将不 94
得不面对由此产生的爆炸性问题”。[③]

*

人们遭受的苦难往往可以分为两种。一种是长期遭受的、习惯性的苦难，这些苦难由于逐渐完全融入日常生活现实之中，从而在很大程度上不再被视为不公正的苦难，并因此不再引起反

① See Vic George and Roger Lawson (eds.), *Poverty and Inequality in Common Market Countries*, Routledge & Kegan Paull 1980, p.241.

② Frank Parkin, *Marxism and Class Theory,* Tavistock 1979, p.83.

③ Robert L.Heilbroner, *Business Civilization in Decline*, W.W.Norton 1976, p.109.

抗。另一种是新的苦难，在习惯性的苦难之上突然增加的苦难，这种苦难有时需要与“常态性”、习惯性的苦难进行强度的比较，人们才能明白它是不公正的，进而因此起到一种警示作用。罗伯特·默顿（Robert K.Merton）[①]、沃尔特·朗西曼（Walter Garrison Runciman）[②]、小巴灵顿·穆尔（Barrington Moore Jr.）[③]等人都对相对剥夺概念及其心理－社会后果进行了深入的研究，但是他们的研究路向又各不相同。他们对这种现象的界定与评价尽管有所不同，但都明显促进了现在社会学研究中的关于剥夺的相关思想，即剥夺感是相对的，因为它们只有与社会常态进行比较才能体会到，所以不是绝对的，也不是普遍性的，是因时因地而不同的。[④]不是遭受苦难的绝对的、客观的数量和强度，
95 决定受难者的不满和异议并导致抗议和反抗，而是人们不得不面对和忍受的苦难的数量与强度之间存在的差异，导致受难者的不满和反抗。而这种差异，来源于使苦难在不同社会阶层之间分布不均

① Robert K. Merton, ‘Social Structure and Anomie’, *American Sociological Review*, 3, 1938, 672–682.

② Walter Garrison Runciman, *Relative Deprivation and Social Justice: A Study of Attitudes to Social Inequality in Twentieth-century England*, University of California Press 1966.

③ Barrington Moore Jr, Injustice: *The Social Bases of Obedience and Revolt*, M. E. Sharpe 1978.

④ https://www.boundless.com/sociology/textbooks/boundless-sociology-textbook/social-change-21/social-movements-140/relative-deprivation-approach-771-1936.

的分配模式，而这种分配模式又被默认为是“规范的”并因此是合法的模式。

让我们列举一些例子来加以说明。在封建社会中，农奴被迫在地主的土地财产上提供无偿的服务，而且这种强制的义务和压迫可能一直十分沉重和残酷，但是这并不是导致中世纪农奴起义的原因，而是地主把要求提高到习惯性水平之上的行为，导致了农奴起义。在近代社会，同一行业和具有同样技能水平的工人，看到别人的工厂提高了工资，而工会成员向自己的工厂提出加薪要求却被拒绝时，就会习惯性地号召其成员走出工厂去罢工。而在当代社会中，来自社会上层富有家庭的年轻人，拥有遗产优势，但在进入劳动力市场时，他们发现与自己的教育、抱负、预期相符的称心如意的工作，以及适时提升自己的社会地位的机会正在消失时，可能也会进行反叛。

这种相对剥夺概念及其相关研究的核心思想认为，不是哲学家捏造的抽象的正义与非正义标准激起牺牲者抗议、反抗或造反，而是当他们“实时”地与周围的人们，看得见的、明确具体的、熟悉的或听说的同辈，他们生活世界中的人进行比较，发现自己收益和地位不如他们时会产生反叛行为。牺牲者往往正是结合这

些“参照群体”，在合法地抗议和抵制不平等的旗帜下，清晰地表
96 达自己的异议和反叛。或者这些人就如一个蓄水池，受伤害者和被冒犯者从中选择各种目标群体，希望从他们那里获得补偿，或满足自己的报复欲望。

正如朗西曼所指出的，“我们应这样来理解相对剥夺，即其意味着一种剥夺感。一个被相对剥夺的人，不一定是客观上遭受了通常意义上的剥夺的人，他并不一定是确实缺少了什么东西”(p.12)。他引用托克维尔(Alexis de Tocqueville)的话并强调指出，在作为统计上可以理解的、客观的、可测量的物质财产、收入、报酬、声望及其附属物的分配不平等，与遭受剥夺的具体而特殊的主观感觉之间，出现了背离和脱节，并由此产生深远的影响：

> 在法国，恰恰就是那些得到最大程度改善的民众不满意情绪最高……按捺了如此之久，似乎不可扭转。在人们的大脑中，一旦划过一丝要消除这种不满情绪的念头，怨愤就开始出现，并变得不可忍受，……封建主义在其权力顶峰时期，并不会激起那么多的仇恨，而在其崩溃前夕，所激起的仇恨却要多得多。(p.24)

并且，朗西曼在社会学家伦纳德·里斯曼（Leonard Riessmann）[①]的启示下，引入了另一个因素来解释上述客观上的不平等与对不平等的主观感受之间的背离。他说："事实上那些一直很成功的人，似乎因为过往的成功而使自己的期望越来越高。因此，成功本身会外在地刺激人们夸大通过比较而发现的差距，而那些不那么成功的人，不得不进行自我调整，并根据自己的经验降低他们的期望。"

我们从这些观察发现中得到的结论就是，昨天提升自己社会 97
地位的成功，当在今天受到阻挠而不能继续上升时，就会吊诡地导致和强化被歧视感，进而使人萌生不满，增加了要迫切地矫正这种不平等的意愿。同样，这种思想又进而启发了"期望提高与革命之间会相互强化、不断循环"这个概念，这一概念广泛流行于自二十世纪五十年代以来的革命理论中，并且，自1969年以来，又与詹姆斯·C．戴维斯（James C.Davies）的"J型曲线假说"相结合。[②]戴维斯认为，在经过长时间地不断提高预期，以及同时增加由此产生的满意度之后，满意度一旦出现下降，就有

① Leonard Riesssmann, 'Levels of Aspiration and Social Class', *American Sociological Review*, 18, 1953, pp.233–243.

② J.C.Davies, 'The J–Curve of Rising and Declining Satisfactions as a Cause of Some Great Revolutions and a Contained Rebellion', in *Violence in America: Historical and Comparative Perspectives*, ed. Hugh Davis Graham and Ted Robert Gurr, Praeger 1969, pp.690–730.

可能导致暴力革命的出现。“当需求满足感下降，而预期却持续上升，在预期与现实之间就必然出现一个不断扩大的鸿沟。最终这种鸿沟会变得无法忍受，反抗不能实现其诺言的社会系统的情景就逐渐形成了。”

*

上段中的最后一句引文，完全是我们当下情景的一种写照。因此，我们是正在见证一种“革命情形”吗？我想补充的是，我们现在的状况与列宁关于革命形势的归纳十分契合。列宁把“革命形势”归纳为一种事态，在其中统治者再也不能以他们以前的方式进行统治，而被统治者再也不希望以他们以前被统治的方式被统治下去了。

但是，还存在许多其他的情况，在其中假定的同质性却掩盖了真正的异质性。我们可以说，显然相似的存在条件(existential condition)，与后果之间的相似性之间，只存在偶然的关系，同样的存在条件，不一定导致相同的后果，而结果的分
98 异性概率比相似性和一致性要大得多。今天，我们处于彻底个体化、去规制的社会中。这样的社会，从本质上看具有特殊性、流变性、转瞬即逝性，同盟与联盟的预期寿命很短，并且会越来越

短。这样的社会，奉行把社会团体的政治任务“下放”给个体，并由个体通过“生活政治”来完成。同时，在这样的社会中，企业从具有有用性到变成反生产力之间的时间距离越来越短。支配性的哲学及其诱发和孕育的生活模式，都可以视为一种诡计和花招，其目的在于贬低和诽谤人类的团结，而绝非要使人类实现“相亲相爱”。个体可能处于共同的存在条件中，但其目的和行动也长期相同这种可能性即使有也是极小的。今天的存在条件，并不是在孕育固定性，相反，在新的管理哲学和新的支配策略的支持和引诱下，今天的存在条件是一个制造相互猜忌、利益矛盾、相互竞争与冲突的工厂。正如比利时根特大学应用心理学和精神分析教授保罗·韦哈格（Paul Verhaeghe）精确地指出的：

团结已经成了一种昂贵的奢侈品，并向临时的小聪明让路，主要的关注总是从情景中攫取比你的竞争对手更多的收益。与团队的社会连带关系以及对企业或组织的情感归属均日益弱化。在过去，学校禁止欺凌，但现在它是职场的常见特征。它是那些无能者向弱者发泄挫败感的典型症状，在心理学中，它被称为替代攻击。其中隐藏着一种恐惧，包括了表现焦虑（performance anxiety）以及社会上广泛存在的、对具有威胁性的他者的恐惧。[①]

在“他者”（任何他者）要么是已经揭下面纱的公开威胁，要么仍是秘密的、身份不明的（因此也更加可怕的）威胁的社会中，
99 团结（特别是那种立约发誓的归属和承诺性团结）对于天真的、轻信的、愚蠢的和轻率的人来说，感觉就是一个陷阱。因此，竭力避免那种陷阱，不言而喻是“合理的”；更准确地说，大众认为因此取代现有的支配性哲学也是合理的。在总是不断循环流动的今天，团结没有回报。团结日益病态地变成一种强制责任，而不是值得信任的资产。“生活政治”的证券交易，使罗伯特·普特南（Robert Putnam）的“社会资本”日益贬值，而使自我参照、自我关注，以及自作主张的社会先锋（edge）能够得到更多的好处。

随着我们个体化的、私人化的社会的到来，特别是大写的政治（Politics）之任务已经日益切分并下放给个体设计、管理和监督的“生活政治”，这种团结“资产”在快速老化，工作表现日益过时。而且，有人甚至认为，“相对剥夺”也将面临与团结一样的

① Paul Verhaeghe, ‘Neoliberalism Has Brought Out the Worst in Us’, *The Guardian* 23 April 2016; see www.thedailycall.org/?p=86957.

悲惨命运。在以前，相对剥夺感总是与特定的时间和空间相联系，并且通过参照和比对实际的或想象的“与我们相类”的群体并发现我们的劣势而引起和产生；但是现在，我们进入了一种永远“漂移不定”的剥夺环境，再也不会永远固定于某个特定的“比较对照组”，而是随机地把锚定点投向我们在生命旅程中遭遇的、成员并不固定的任何港口中。

随着地球上各种人类栖息地实现了对外开放、可以随时访问和检视，一个人或一个群体的成功，可能被视为另一个人或另一个群体的麻烦或失败，你的成功就是对我的剥夺，并因此使我日益不满。在这种个体化的社会中，每个人都为了自己想要的好处 100
而竞争，但这种好处的供应却始终不足，因此使我们感觉只能是一种零和博弈。人们会觉得，他人的成功就是自己的失败，并似乎会减少自己“在世界中向上流动”的机会，而这种机会原本已十分渺茫。因此人们可能会放弃“相对剥夺”感，而支持普遍剥夺感。不过，“普遍”剥夺感的副作用，就是剥夺感的不可消除，我们会觉得在“生活政治”王国中无论做什么，剥夺都不会消失。只要我们所能想到的活动仍处于王国内部，那么我们就不可避免被剥夺的必然命运。这种状况为我们提供了很好的理由来解释前章所述的“回到部落”现象。

*

相对剥夺感与真实不平等的差异，是两种密切相关的过程的副产品：其一是权力的全球化，特别是那些能够决定我们的命运的、更有潜能的强大权力的全球化；其二是信息的全球化，特别是那些导致我们当下情形，以及我们被迫作为真理、整个真理和唯一真理而接受的最有影响的信息的全球化。简言之，这种差异是“视域不断拓展”，甚至因视角的开放而导致的“视界的消失”的产物，这种视域即是相互依赖的又是可以相互比较的视域。视域的日益拓展，导致一种共同的、坚实的共识，这是新的信息技术的成就；现在，我们每个人都可以真正地、普遍地获得和利用这种信息技术。由于摄像头与智能手机的出现，加上全球互联网
101 的出现，人们的认识视域扩展到整个全球空间，终结了根据物理距离来界定的“社区”概念，并把“邻近性”的可到达性与熟悉性，与“遥远性”的不可接近性和模糊性区分开来。的确，其使转喻的逻辑或者人类学家詹姆士·乔治·弗雷泽（James George Fraser）在其《金枝》（*Golden Bough*）中提出的“同情的魔力”失去了作用，而在那种转喻逻辑中，相对剥夺的现象与概念都是

成立的。

现在的邻里社区，已经不再是由“可以面对面互动和接触的人们”所构成，也不再是由乔治·米德（George Herbert Mead）所说的被迫参与和“主我”持续对话与互动而形成“宾我”的“重要他人”所构成。社区的面目已经发生了改变，它不再是一种重复互动的共同空间，而是一种片段化的、零乱弥散的空间。如果把这些人口片段绘制成图，那些他们很像由移民社群构成的群岛，是一串彼此分离和保持距离的岛屿。但是岛屿之间根据共同的身份以及由此产生的精神或文化的接近性而连接在一起，并进而维持他们共同的身份；或者说，与“重要他人”的情况一样，根据制图者赋予他们的意义、相关性和重要性而联系在一起。在实践中，这意味着被人们用来衡量自己所受歧视的尺度的“参照群体”，其内部成员构成并不需要一致性或同质性。在大多数情况下，参照群体的确是异质性的，脱耦和解体的。总之，这些群体在逻辑上是有缺点的和不可持续的。他们也不需要追求持续性，不需要通过永久的与固定不流动的权力假定来使自身合法化。特别是这种最常见的流动性趋势，正在不断地构成和解构这样的群体。 102

我认为，这种新的生存状态及其对相对剥夺感所产生的重要影响，至少可以在很大程度上解释，急剧加深的“客观”不平等并不会导致以前人们所说的“革命形势”。那么其中的原因又是什么呢？

*

纳尔逊·D.施瓦兹（Nelson D.Schwartz）在2016年3月23日的《纽约时报》上[①]发表了名为“在特权的年代，并非所有人都在同一条船上”的报告。报告指出，存在一种“超级豪华”但也与世隔绝的、受到庇护的、隐秘的和极其私人化的飞地，这个飞地是由旅游公司向新近产生的、因马太效应而越来越富的“极其富有”阶层提供的，这些公司发现在超级富豪中存在一种新的、独特的、可以获利的市场，因此日益把注意力转向他们并迎合他们的需要和兴趣，并采取不同于迄今为止很受欢迎的实现成本明显上升的各种方法，来提高自己的回报和收益率。施瓦兹为了深入研究，选择了两个研究对象，挪威人与“北加勒比人”的航海公司，并把这两个对象结合起来，由此提出了“同一条船”的比喻，以暗示反对一条“完全不同的”船的替代方案。然而，

① www.nytimes.com/2016/04/24/business/economy/velvet-rope-economy.html?emc=edit_th_20160424&nl=todaysheadlines&nlid=43773237&_r=0.

他在此发现的现象是一种十分广泛的发展趋势，并且现在获得了史无前例的动力。

施瓦兹开篇就引用了加州大学伯克利分校经济学教授伊曼纽尔·萨伊斯（Emmanuel Saez）的思想，并在此基础上，指出那 103
些奉迎占人口总数1%的、总是无限地渴求独特性与特权的极富者的意义的人，往往会掩饰和遮蔽不平等，并把不平等不断扩展到其他维度和层面。萨伊斯说：

据估计，处于顶层的1%美国家庭，现在已经控制了美国42%的财富，而就在20年前，这个比例还不到30%。而0.1%的家庭占有了相当于22%的家庭的财富，这个比例几乎是1995年的两倍……今天，被用于赢得金字塔顶端的市场份额的资源比以前要多得多，有时甚至是以减少其余人口群体的服务为代价。自大萧条结束以来，中产阶层收入日益停滞，但对极富者以及迎合它们的工商业来说，却是一个十分繁荣的时期。

那些引领市场潮流者，发现了一个新的利润丰厚的市场，在市场逻辑的推动下，他们专门努力于投资这个市场以从中获益。

其结果就是，

根据波士顿咨询公司（Boston Consulting Group）的研究，从2010年到2014年间，金融资产至少在100万美元以上的美国家庭的数量，增加了将近三分之一，达到大约700万个，而同期这些100万美元以上的家庭财富，每年以7.2%的速度在增长，而这种增长速度是100万美元以下家庭财富增长速度的8倍。

这些最富有家庭的生活完全不同于其他家庭，前者生活在一种流动性的“有门禁的社区”中，而对于那些金融资产低于100万美元的中低收入大众而言，这种“有门禁的社区”只不过是一个美丽的肥皂泡，但却是一个致密的、有着坚硬外壳而不可渗入
104 的、不透明的肥皂泡。

我们有理由认为，这两种人口群体各自生活在两种完全不同、无法彼此交流的世界，它们之间存在一堵极厚重而坚固的城墙，那些拥有“100万美元以上”的人，永远不必跨越这堵墙，而那些资产“少于100万美元”的人，又永远也不可能穿越这堵城墙。而有些公司，提供了一些新的设备，进一步强化了极富有者的自我疏

离和自我封闭倾向，使这两个世界的居民可以永不见面而各自生活下去，更别说让他们共享生活方式、生活经验和生活哲学了。实际上，这两种人口群体（100 万美元以上与以下者）的成员，似乎会形成和使用相互不可翻译的语言。那些精英的语言与其余人类成员的语言，存在十分明显的不同（真的是难以跨越的鸿沟）。这种现象从中世纪以来就一直存在，但在 21 世纪之初变得前所未有地严重。“两个民族”中上层而优越的民族，不仅生活舒适，能力和效能、生活方式不同，而且已经拥有了一种完全属于他们自己的语言。由是观之，美国社会已经完全分裂成两个“民族”。

但是，施瓦兹的报告，还包括了一个重要的附文：

从事管理咨询的麦肯锡公司主管亚历克斯·迪希特（Alex Dichter）常常会与各大航空公司一起共事。他说，例如，当通常只能乘坐火车的乘客，偶尔挤进巨无霸波音 747 和空客 A380，并“看到飞机上的浴室或私人包厢后，就会在心中产生一个标记，……大量的品牌，把这类产品作为一种标识成功和富有的理想工具，阶级分割可以创造一些事物，供人们渴望和追求”。

105 那些拥有100万美元以上资产者所居住的世界，具有高大上和异域般的魅力，需要发挥一种重要的作用，即多多少少降低它相对于外人的非透明性与不可见性。要适当地发挥这一作用，就应许可那些外人可以偶尔瞥见“100万美元以上资产者”在日常生活中能够享受，而其余人无法也无缘享受的、让人吃惊和难以置信的美妙。那些奉迎者和引领市场潮流者，把消费市场设置成可以消除“相对剥夺”的“相对”部分，并认为这样就可以激励其牺牲者采取更具补救性的活动。正如我在《少数人财富是否对大多数人有利？》(*Does the Richness of the Few Benefit Us All?*)一书[①]中所指出的，财富对于大众的福祉具有“涓滴效应”在很大程度上只不过是一个神话。但是，需要补充说明的是，少数人的财富，确实具有强化民众的相对剥夺感并因此提高他们的期望水平的效应。

这些封闭的飞地以及偶尔向外部开放的情况，各自都是真实的，但二者的目的都是交叉重叠的。现在，为了激发和启动它们提高人们期望以及拓展市场的潜能，那些仅为奢侈富人享受的快乐，也被展示在孟买那些贫民窟无数人的手机屏幕上，这些贫民窟与富人区一样的多。但是，与其他屏幕上的信息一样，这种

① Zygmunt Bauman, *Does the Richness of the Few Benefit Us All?*, Polity 2013.

展示也面临被人们视为是剧作家的虚构的风险，即使打上“保证情况绝对真实”之类的字幕也是如此。而中下阶层民众，在乘坐大型客机旅行时，在拥挤的“旅行者”中走向某个空间局促的座位的过程中，尽管偶尔看到“淋浴或私人包间”，但由于是真实的，这种“偶尔的开放性”却会十分关键而可靠地提高民众的期望。虽然我很怀疑，但在这种画面中显示的，毕竟不是一个什么 106
美丽的神话，或者一段天马行空的想象，它是真实的，因此值得严肃对待，值得不断努力争取，并且证明这种努力是正当的。只要实现这种效应，那根阻挡中下层民众抱负、实现向上流动的横木，将可能如某些人所希望的那样被搬走。

*

西班牙巴塞罗那经济学教授丹尼尔·雷文托斯（Daniel Raventós）认为，如果想要在将来实现家庭平等（House of Equality），那么就必须保证家庭的“基本收入”。而持有这样看法的人正在快速地增多。所谓“基本收入……是指由国家支付给社会全部成员或合法居民的收入，而不管他或她是否愿意参与工资性就业，也不管他是贫是富，换言之，不管社会成员是否拥有任何其他收入来源，也不考虑家庭层面的婚姻或同居状况，都可以获得基本收入”[①]。

雷文托斯赞成“基本收入全球网络”(Earth Network of Basic Income) 假定和提出的这种观点。同时，他还提出，为了确保“基本收入”一旦变成法律，就能够给社会带来好处，而避免造成重大的消极后果，就必须遵守三条指导性原则，其一是基本收入必须发给成员个人而不是家庭，其二是不考虑成员是否有任何其他收入来源，其三是不考虑成员的工作表现如何，也不考虑成员是否自愿性失业（p.9)。我认为，这三大原则使“基本收入”思想，与当代“福利国家”的根本指导思想及其仍然残留的实践做法存在明确的区别。“福利国家”思想与实践做法关注的
107 是家庭而不是个人，往往“根据调查来确定”谁是社会穷人，并

① Daniel Raventós, *Basic Income: The Material Conditions of Freedom*, Pluto Press 2007 (trans. from Spanish by Julie Wark), p.8. 很多人认为，帕里基斯关于全民基本收入（UBI）的定义仍然是基础性的定义。而雷文托斯关于全民基本收入的定义与之存在很大的差异，雷文托斯的定义是：由政府统一向社会每个成年成员定期支付的等额收入。不管是富人还是穷人、单独生活还是与他人一起生活、工作与否，都会获得这种补助，而且金额是固定的。对于大多数人而言——当然也包括我——这种补助不仅是发放给公民，也是发放给所有永久性居民的(*What's Wrong with a Free Lunch?*, Beacon Press 2001, p.5)。帕里基斯认为，同时受到查尔斯·傅立叶（Charles Fourier）影响的马克思和比利时律师约瑟夫·沙利叶（Joseph Charlier, 1816—1896）是这种思想的先驱，因为二者都在1848年提出了这一思想。我想补充的是，不管是谁先提出了“全民基本收入”思想，都无法改变如下事实：到了2016年3月，尼尔·霍华德（Neil Howard）在评论布雷格曼《现实主义者的乌托邦》时(see www.opendemocracy.net/Neil.Howard/utopia-for-realists-review)，仍然惊诧莫名，“免费给每个人发钱，听起来真疯狂。”霍华德接着说，“但是，布雷格曼的伟大之处，就在于他居然以一种听起来不仅不疯狂、相反十分明智的方式，来提出和论证该思想。”最后，他以高度赞赏的口吻对自己的广泛评论进行了总结：“它绝对是一部见解深刻而行文生动的著作。它也是一部非常容易理解的著作。布雷格曼的真正品质之一，就是把革命写成一件似乎再普通和平淡不过的事情。”

且现在主张以工作福利制取代传统的消极“福利”制度。

“基本收入全球网络”以及雷文托斯本人，都从福利国家的历史根源上来审视现代社会福利条款的设计者和管理者们的思想。在 1942 年，当威廉 · 贝弗里奇（William Beveridge）发布他的《社会保险及其相关服务》（*Social Insurance and Allied Services*）报告时，英国所有阶层包括一般民众与领导性的意见建构组织都几乎一致性地表示赞成，只有极少的反对声，其中就包括托利党 – 劳工同盟政府的财政大臣金斯利 · 伍德（Kingsley Wood），他认为贝弗里奇报告提出的经济承诺在实践中不具有可行性。这些经济承诺后来逐渐被托利党 – 劳工同盟政府放弃甚至完全遗忘了。雷文托斯的研究和宣言的副标题，表明他试图复兴和恢复贝弗里奇报告背后的那些假设和思想。贝弗里奇（后来被封勋爵）既不是保守主义者，也不是社会主义者；他认为自己是一个自由分子，认为自己既忠诚于自由主义意识形态的实质概念，又在实践中最终履行了这种思想，所以有权声称自己是自由分子。这种意识形态视个人自由为最优先的价值、基本的信条、政治实践的首要目标甚至是其元目标，认为只要“自由的物质条件”得到满足，这种价值就会适当地实现。然而，个人自由一直没有得到满足，到今天“自由的物质条件”同样也没有得到满足，至少是英国社会有很大一部分社会成员的这种条件都还没有得到满足。他们面临巨大的痛苦，因为他们处于“五大邪恶”的重压之下。今天他们丧失了几乎所有的尊严，或者说我们有很好的根据指出他
108 们的尊严已经日益丧失。这五大邪恶是：贫困、愚昧、匮乏、懒惰和疾病。如果不直面这些邪恶，如果步步退却，那么我们完全有理由认为，“自由”对于英国绝大部分人来说，都将仍然只是一个空洞的口号、一种幻想，只不过是在民众的伤口上撒盐，以及对他们的极度尖刻的侮辱。那么，在今天，自由分子所宣称的目标——满足实现个人自由所需的所有物质条件——与在贝弗里奇坐下来准备其报告时，是同样的遥远或者更加遥远吗？

保罗·梅森（Paul Mason）[①]（以及政治光谱中的左派肯定会）不仅承认“基本收入”思想是一种“缓解不平等的”的方式，而且还提出了一种更加有力的新观点来证明这样做的紧迫性。他认为，基本收入“是针对一个更加严峻的问题的解决方案，这个问题就是工作本身的消失”。他的观点大意就是，直到最近，这个世界的潘格洛斯（Panglosses，乐天派、盲目乐观者）与卡桑

① www.theguardian.com/comments are free/2015/feb/01/paying-everyone-a-basic-income-would-kill-off-low-paid-menial-jobs.

德拉（Cassandras，杞人忧天者、灾祸预言家）共同生活在安德烈·高兹（André Gorz）所戏称的“基于工作的乌托邦”中；但是，使政治光谱中所有不同政见和主张者同样震惊和措手不及的一个重大打击是，那个乌托邦得以成立的基础，现在已经从根本上被抽走了。因为2013年牛津大学的马丁学院（Martin School）发现，“在未来20年里，美国47%的工作岗位都将面临因为自动化而消失的危险”，而麦肯锡全球研究所（McKinsey Global Institute）发现，“1.4亿的知识分子正面临同样的命运”。而且，现在我们已经知道，过去的“去技能化和工作解构，是新增的高价值岗位和高工资消费文化的产物”，但今天的自动化在“减少某个行业的工作岗位的同时，却不会在另一行业中创造新的工作岗位”。

*

同样，由于公众的压力，迫使“基本收入”思想从一种高尚 109
而不能实现的乌托邦式的、“世外桃源”式的思想，迅速变成一种粗制滥造的现实，其前景可以说十分黯淡和让人沮丧。特别是雷文托斯提出的第三个条件更是如此，现实是对那些实现工资性就业的人，取消了家计审查和削减了“基本收入”权利。而在前两个相互联系的条件上，对这种“基本收入”计划进行的抵制，可以说最为强烈，因为其似乎不可理解并且价值观十分混乱。“基本收入”计划即使能够成功实现，往往只不过是暂时性的，在面临压力时往往会逐渐被撤销，就如作为福利国家基础的、由国家行政进行的社会服务诸原则所面临的情况一样。

在2009年3月11日，约瑟夫·朗特里基金会（Joseph Rowntree Foundation）和约克大学政治学院共同主办了一次论坛。其目的主要在于讨论比利时哲学家、政治经济学家和左派自由主义者菲利普·冯·帕里基斯（Philippe van Parijs，1951— ）对“基本收入”计划的基本贡献。该会议官方纪要首先对当下福利国家曲折复杂而充满争议的历史过程进行了评判。其文如下：

> 过去30年来，英国政府已偏离了普济主义哲学，而这种哲学曾经是福利国家制度的基础。目标导向与选择正在快速成为常态，
> 110 而福利与服务正在成为例外。各项福利改革清单已经获得议会的通过。诸如议会之类的机构，主张精神病人以及有3岁以下孩子的单身母亲，要想获得国家福利，就必须参加工作并取得一定的绩效。此乃该趋势的征兆之一。

会议纪要指出，该趋势不仅仅在英国存在，在美国，国会1996年通过了《个人责任与工作机会协调法案》(PRWORA)，“收紧了极度贫困的资格标准，缩短福利获得年限：最长只能为5年，坚持所有获得国家福利者都要参加工作或接受工作培训”。

“普济主义哲学”，与仅关注“最需要救济者”和“最受伤害的地方”的福利思想之间，存在根本的差异和区别。普济主义哲学认为，“基本收入”是一种不可剥夺的公民权利，是共同体对于每个成员和所有成员的义务和认可。关注“最需要救济者”则是认可与促进“人权”时代的自然产物；关注“最受伤的地方”则使社会回到维多利亚时代的贫民院、贫民习艺所、贫民自然之家。在那种机构中何谈人的尊严，美国《独立宣言》所主张的“追求幸福”更无从谈起。贫民院、贫民习艺所把他们的目标设定得太低，只不过是满足被收容者的生理生存，在这些地方降低那种目标，往往会在无意之中导致死亡率的提高。还有，这些地方的目标是双重的，一方面是延迟被收容者的死亡，另一方面是阻止他们参与不受侮辱的、“正常的”人的生活。正常人之所以是正常的，是因为他们可以自我照顾，并希望保持“自立自足”。一个 111

人，如果承认进入贫民习艺所或贫民院，那么他也就同时面临一系列的污名和耻辱，被打上不是一个真正的人的标签，受到谴责和侮辱。在视工作和军事训练为生活常态的世界中，在只有工作与从军才能证明社会成员资格和社会地位的社会中，没有工作、没有自我保障的生存方式的人们，除了被标记为流氓无赖或被抛弃的人外，别无选择。源自贫民院和贫民习艺所心态的阴鸷遗产，打破了取消家计审查，不管是否从事工资劳动都可以获取社会地位权利的要求，新旧家计审察机制和工作福利制被建立起来，贫民院和贫民习艺所实现变相复活和重归“优雅”。

现在，尽管仍有很多批评者持有相反的看法，但是越来越多的研究者获得了很多经验证据，来证明从政府预算和国家财富的角度看，无条件地给人们发钱也是一件“好事”，可以增强人们的自信，使他们可以在适当的范围内自我决定。它是一种资产而不是一种责任，可以增加国家财富和提高收入水平，而不是从中抽取和转移财富收入，并降低二者的水平。在这些研究者中，就有上文提到过的布雷格曼，他对此进行了十分广泛和深入的研究，也取得了丰硕的成果，此处难以尽述。他甚至引用《经济学家》（*Economist*）——一个不为人知的、热衷于宣扬“全民基本收入”

思想的平台——的文献，来证明对此问题存在日益增加的共识：“把钱发给无家可归者的最有效的方式，可能就是直接把钱发给他们。”①

布雷格曼号召我们反思“福利国家”观念的遗产，认为它是“工作社会”时代的产物，现在已经过时了，因为现在工作岗位的 112
设计以及工作的完成都已经柔性化了。“福利国家本应培养人们的安全感和骄傲感，最后却退化成一种怀疑和羞辱系统”(p.69)。不过，我要补充的是，过去我们认为，福利国家制度是一种财富的分配制度，但是现在“福利国家”的主要责任并不在此，而在于用某种社会污名来标示“靠福利生存”的人，宣告公共良知应感到内疚，因为其容忍（和加剧）了社会不平等，而一直以来这种不平等都是引起反抗和动荡的原因。这种畸形的、堕落的福利国家观念，认为“靠福利生存”常常意味着“纯粹的寄生虫”或主张并实现“不劳而获”，实是耻辱的象征，完全可以证明“依靠福利的人”不太配得上享有所有的人权，证明他们具有腐烂和堕落的特征，总之完全可以证明他们是社会上多余的人。与今日“福利国家”背后的哲学思想不同甚至完全对立的是，“基本收入”

① Rutger Bregman, ‘Cutting out the Middleman’, *The Economist*, 4 November 2010.

背后的哲学思想倡导和促进包容而非排斥，倡导社会团结和社会融合而非切断社会团结纽带和分裂社会。

这些考虑证明了“基本收入”方案可以带来巨大的社会与道德收益，而其他处理不平等的药方似乎不能获得这样的收益。但是，“基本收入”方案的收益和好处还有很多。布雷格曼从《直接把钱给穷人》（*Just Give Money to the Poor*）一书中引用了一
113 个例子，来号召我们“不同凡响”。该书由阿曼多·巴里恩托斯（Armando Barrientos）和戴维·休姆（David Hulme）领导的曼彻斯特大学学者团队完成，并出版于 2001 年[1]，报告发现“基本收入”之类方案的好处还包括“（1）使家庭把钱投于好的用途，（2）使贫困下降，具有促进收入、健康、税收等多方面的长期收益，以及（3）方案的成本要低于其他方案”（p.59）。又如，杜克大学教授简·科斯特洛（Jane Costello）[2] 2003 年的研究，提出“导致穷人精神健康问题的原因是什么？是自然原因还是文化原因？”并回答说“因为贫困的压力，人们从基因上往往更可能预先形成一种疾病或者失序。但是，从这种研究中我们可以获得的重要结论就是，基因不能做到的，贫困可以做到”（p.99）。

① www.oecd.org/dev/pgd/46240619.pdf.

② http://jama.jamanetwork.com/article.aspx?articleid=197482.

帕里基斯写道："全民基本收入的基本主张，是以正义观为基础的。"[①]他认为"正义"就是创造一种制度，"以最好地保障所有人真实的自由"。请注意，不是获得自由的权利面临风险，而是自由的现实面临威胁。自由的现实，约翰·罗尔斯（John Rawls）称为"自由的价值"，而以赛亚·伯林称之为"积极的自由"，就是做某事的自由。伯林区分了消极自由与积极自由，消极自由是免于别人干涉和制约的自由，他支持消极自由观。然而，"全民基本收入"的支持者，与他们的先辈、福利国家的设计者一样，都认为"积极自由"——例如能够自作主张和进行自己的选择——是消极自由不可或缺的伴生物，而积极自由一度被重塑为 114
一种对抗消极自由的保证，消极自由又被认为是导致大量社会成员贫困的原因。在自由以及人类无限自由潜能是真实的时候，自由就是有价值的；然而，对众多的人来说，除非得到了"全民基本收入"或某种与其功能相同的事物的补充，自由就不再具有真实性。正如帕里基斯所主张的，"一个人的自由的真实价值，取决于其所有的用来控制和利用他的自由的资源"，而为了服务于整个社会正义事业的运行，"我们需要对机会的分配进行设计，使一个人可以获得特定的方式或工具来进行其想做的事，为那些机会极

① Van Parijs, *What's Wrong with a Free Lunch?*, p.14.

少的人提供最大可能的现实机会”。

《直接把钱给穷人》一书，除了简明扼要地重述了帕里基斯的立场外，还收入了评论其方案所涉及的相关内容的系列文章，这些文章全面回顾了这种思想的充满风暴的简短历史和现状，还对其可能的机会和适当应用过程中所面临的障碍提出了深入看法。在这些评论中，克劳斯·奥菲（Claus Offe）的论文体现了该书的综合性，以及完全成功地深入分析了“基本工资”方案具有超高人气的根源，及其实施可能面临的阻碍。

奥菲的研究，同样推进了帕里基斯的理论，并对这种理论进行了有意识的自觉反思和完善，而任何一种好的理论都应如此。“理论家必须回答各种问题，其中之一就是为什么如此之多
115 的人反对我的理论？”[①]这是一个严肃的，也许是最严肃的、迫切需要回答的问题，因为“不仅发达国家而且其他国家中的人们，对全民基本收入机制的兴趣和开放性态度正在上升，但是却没有人严肃地主张基本收入的现实可能性……已经立马到来了。原因何在？”(p.112)。

在最初的众多答案中，最常见的怀疑自然就是担心和恐惧这种自由预期会导致某种后果，这种担心被排在了所有其他答案之

① Van Parijs, *What's Wrong with a Free Lunch?*, p.111.

前。但是，“是哪些人，有何种理由担心，全民基本收入创造的自由会导致什么风险？”显然，正是雇主最为担心。而其理由有二，一是担心“他们对工人的控制会因此削弱，因为工人有了基本生活保障之后会选择退出博弈”；二是怀疑全民基本收入会增加企业的税收……压缩企业的纯利润空间”(p.113)。目前这种担心尽管还不是那么歇斯底里，但是多少显得有点激动而夸张。

正如奥菲正确地提醒和要求的，我们需要严肃地对待不同地区出现诸如此类的恐惧和担心。他还建议了一些方式，来消除其中一些甚至所有的担心，在一定程度上缓解、克服和超越那些恐惧。其中最重的也是最具创造性的方式，就是“渐进主义和可逆性”。也就是说，让人们通过学习逐渐改变他们的偏好，因为有句谚语说得好：尝到甜头，胃口就会越来越大。所以我们不应强制推进全民基本收入(p.114)。而奥菲的建议中最让人感兴趣的，也是最有前途的做法，就是其主张设立“休假账户”(“例如说10年”)，每个成年人都有权开设这种账户，而且在任何时候他们都可以利用这个账户……休假，而每次休假至少可以在半年以上，在休假期间仍然享受固定的工资收入，而不管他们在此期间去做 *116*
其他什么事情。而且，这样的休假总计比如可以长达十年。他预测说，如果真正完全普遍地实施这种办法，那么人们将会更加自由，而这将很好地回应和促进“我们常说的‘工作人性化’，渐渐消除那些特别‘坏’的工作”(p.117)。

然而，在沿着奥菲所描述的全民基本收入“路线图”前进的过程中，将面临的最严重障碍并不是“阶级利益”矛盾，而是在技术上和行政管理上存在的可行性障碍，因为其实际的尝试，将迅速确证这种全民基本收入体制的引入是完全可行还是根本不能实施的怀疑。奥菲本人也十分清楚这个问题，并认为这是其理论面临的最根本的挑战，他发现至少在欧洲范围内，还不能在某一个国家中单独实行全民基本收入体制。我们有很充分的理由认为，只要为整个欧洲服务的政治组织网络还没有形成或都是片段化的，那就不可能实现全民基本收入。在某种意义上看，这种情况是欧盟特定的，但从另一种意义上，这又是世界范围内存在的普遍状况。在世界范围内，各种国家之间是分离的，它们各行其是，不能形成合力来决定和完成那些本来必须和应该完成的事情。

但是，这些理由并不能使我们就此反对在实践中实行全民基本收入体制，相反应借助全民基本收入不断上升的吸引力和流行

度，来促进现在处于分离状态的权力与政治实现重新结合，例如，117
促进一个“社会的”欧洲的实现，但这是一种更大规模上的结合。这种“社会的”欧洲能够提供急切需要的意义，促进对欧洲一体化进程的广泛期望（p.118）。

我认为，因其最近记录确凿且良好的事实，就认为全民基本收入方案注定会成为一种流行的甚至压倒性的“回到不平等”趋势，将完全是一个严重的错误。我们必须持有相反的看法，即全民基本收入方案，是当代“现实主义乌托邦”的少数几个实质要素之一，能够作为一种独特而有力的斗争武器，来扭转那种可怕、危险而具有潜在灾难性的“回到不平等”趋势。

第五章

回到子宫

第五章　回到子宫

自“回到自我”被提出以来，它就成了反对部落囚禁之恐怖的解放战争的战斗口号，现在又趁世界主义的替代方案的流产而复兴。这与“回到部落”过去是、现在仍是从后解放时代孤儿般的个体的可憎孤独，逃跑到避难所的人的口号是一样的。两种口号都是毒药，但奇怪的是，它们又是彼此的解毒剂。 118

美国韦恩州立大学思想史教授罗纳德·阿隆森（Ronald Aronson），2016 年 3 月 26 日在《波士顿评论》（*Boston Review*）上发表了《希望的私人化：资本主义与社会团结的昨天与今天》（Privatisation of Hope：Capitalism vs.Solidarity，Yesterday and Today）一文[①]，对人类团结进行了深入而坦诚的解剖，指出今天人类社会团结之所以分崩离析，在很大程度上是个体被抛弃，只有依靠自己的智慧、资源一直都不足的结果，以及个体的关注、倡议和承诺往往具有自我参照的性质的后果。在这篇文章中，作

① http://bostonreview.net/us-books-ideas/ronald-aronson-privatization-hope.

119 者断言：

> 希望正在被私人化。在整个世界，特别是在美国与英国，一种震动性的转型正在进行之中，把更大社会的期望与责任，转移到我们个人自己的小宇宙。个人期待从更大的世界中分离出来，使二者都发生了改变……
>
> 就在上一代的时间里，我们还没有失去所有的希望。希望越来越个人化，出现了各种各样的极其大量的个人希望。而那种属于社会的，作为使这个世界更加自由、更加平等、更加民主的，更加适宜生存的各种运动背后的动力的希望，却一直遭受着攻击。

简言之：

> 曾几何时，工人明白，他们通过集体地主张自己的诉求，可以改善他们的境况；但是现在，工人明白，他们最好的选择，就是依靠个人自己来保护他们自己。在只顾自己的人群当中，阶级和团结的经验，是不可能获得的，也是不重要的。正如历史学家史蒂夫·弗雷泽（Steve Fraser）所言，当人人都只为自己谋取好

处时，当人们不能通过集体行动获得目标时，集体意识似乎就是“愚蠢的、幼稚的、糊涂的，甚至是有罪的和煽动性的”。

人们一旦沉溺于市场博弈，那么在其中就几乎别无选择，只能加入其中，扮演出售者和廉价商品的双重身份，日益被商品化，不得不承认自己处在一个作为交易关系的加总的世界中，并在这个交易关系不断进行的世界中寻求生存。还有，人们也因此日益认为世界中的人口完全是市井小贩，他们都在自己个人拥有和经营的市场摊位上，展示、叫卖和夸耀自己的货物。

当你第一次遭遇或进入那个世界，并且一次又一次不断进入其中的每个隔间时，你遇到的人，极有可能都把你当成他的竞争对手和敌人加以质询，甚至有时可能把你当成某个临时特别联盟的候选人来质询（interpellate）[①]，而你也可能同样如此质询他。我们很难再把彼此当成自然的兄弟姐妹，彼此手拉手，而实际上 120
已经成为或注定将要成为彼此的敌人和竞争对手。有种力量强制性地把我们向后推，要使我们回到十九世纪之初，而我们没有进

① 参见 Louis Althusser, ‘Ideology and Ideological State Apparatuses (Notes towards an Investigation)’, in *Lenin and Philosophy and Other Essays*, Verso 1970。阿尔都塞（Louis Althusser）用该术语，来指一个人通过利用其先入为主的、假定的或强加的概念框架来“欢呼”（hailing）。那些欢呼者与被欢呼者在意识态上都受到长期的教育，并且在“质询”行为中，都要参照他们的地位和相互关系。

行多少反抗。在十九世纪初期的欧洲，很多国家的农民，以及几乎所有国家的手工艺人越来越快地被剥夺了生产工具，并因此丧失了原来的社会地位和社会资本。自那以后，他们被迫不断涌入“肮脏、野蛮和短暂”的生活空间中，因为这种生活要在“一切人反对一切人的战争”中进行，这是一个充满了与他们同样悲惨的人们的世界，他们所有人都没有尊严，不是一个完全的人，都发现这种新环境是如此的陌生和疏离，似乎都把他们当成了敌人。他们花了数十年时间，才发现严格按照时间准时进出早期资本家工厂的匿名人群，有着共同的利益，并拥戴那种发现，然后用“团结”的概念来推动大家进入开展各种实验的时代，进行各种最终流产的尝试，经历了错误的开始、失败和短期的成功。所有这些，都储存在他们那长期的记忆中。后来，他们又用了更长的时间，来发明、制度化与推行一种系统的、有条不紊的、旨在用奴役偷换解放的团结行动。

我们现在所处的时代与上述氛围有点相似。我们当中的某些人，希望有一种对所有人来说都更加有希望的新开始，并为此而
121 隐忍，希望最终能够等到那一天。而还有一些人，由于希望总是遭受挫败，变得疏离而愤怒，于是把他们的期望投向回到过去。

但是，我们中的大多数人，似乎都不关心这两种方向；他们既不关注将来，也不关注过去；他们不是试图找到某些途径以改变难以忍受的前景，而是在日常生活中忙于使用一些小的伎俩来获得一些小的满意；也就是说，他们抛弃了抱负和期望，开始返回到那种具有欺骗性、自我关照和自我参照的安全庇护所中。然而，我们却没有认真地考虑那个庇护所的安全性如何，也还不明确这种自我参照的虚假性，更别说发现这只不过是自欺欺人罢了。正如史蒂夫·弗雷泽所言，我们当中的大多数人，都因此深受伤害，却仍然认为集体意识要么是煽动性的，要么是幼稚的，就更别说参加什么集体行动了。

尽管挫败与伤痛是如此的真切，但大多数人从实践中的挫败与伤痛中得到的结论，并不是唯一可以想到的结论，甚至也不是唯一具有说服力的结论，更别说是通过理论学习而“预设的”结论了。相反，他们以巧妙虚构的数层假定为基础，而所有这些假定都站不住脚。英国萨里（Surrey）大学研究可持续发展的吉姆·杰克逊（Jim Jackson）教授，对所有这些层次的假定进行了精准的概括：“这是关于我们——人们——的故事，我们被劝说花我们没有的钱，来购买我们并不需要的东西，以创造各种我们不在乎的人不会长期保留的印象。”[①]说到底，这段话的意思就是：我们已经被拖进那些毫无意义的占有、迷恋和惯例之中，我们逐
122 渐认为它们是确证我们虚幻地位和状态的万灵药方。

默顿把社会安排及其暗示和要求的行为模式的功能，划分为显功能与潜功能，认为潜功能才是真正的引擎或动力。根据这种思想，我们可以认为，消费主义文化所强加的生活也具有一种显功能，那就是服务于顾客的需要和选择，增加他们的满意度；同时也具有一种潜功能，那就是使顾客能够适应这样一种生活——在这种生活中，人们的真正需要长期得不到满足，却通过虚假需要的虚假满足这种伎俩，使真正需要长期得不到满足的情况得以维持，使人们能够忍受自己真正需要长期得不到满足的状况。

安伯托·艾柯分析了这种规则在实践中所产生的极其常见的、我们也十分熟悉的各种迹象，并对其内在机制进行了深入的剖析：

那些具有权力的人，是这样的人，他不会接听所有的电话；相反，正如人们常说的，他总是在开会……

有很多人把不断接打手机视为权力的象征而神气炫耀，但事

---

① https://www.ted.com/talks/tim_ jackson_s_economic-reality_check/transcript?language=en.

实恰恰相反，这表明他完全处于让人绝望的臣属地位。因为他不得不时刻集中自己的注意力，甚至在做爱时也是如此，也不得不接听 CEO 恰巧此时打来的电话……一个人炫耀性地使用他的手机，正好说明他并不自知自己的处境，不知这正是他被社会放逐的确证，却极其错误地视之为自己很有吸引力的表现。①

史蒂夫·弗雷泽的《沉默年代》(*The Age of Acquiescence*)② 一书深刻地指出，有很多因素共同作用，培养了城堡中上述那种“具有权力的人”，使他们不受被禁止进入城堡者的赞成或反对行 123 为的影响。该书的副标题是“美国反权贵集团运动兴衰史”(*The Life and Death of American Resistance to Organized Wealth and Power*)。他探讨的不是“占领华尔街”为什么会发生（探讨这个问题起码需要 500 页以上的巨著），而是为什么它没有更早一些发生。而且，我们凭借事后诸葛的优势，在该书出版两年后再进行阅读时，还可以增加一个问题，那就是为何它又会消退，以及为什么消退如此之快，甚至对华府的政策没有产生丝毫的影响，对于那些与 99% 的人的思考和行为相对立的“具有权力的人”的安

① Umberto Eco, ‘How Not to Use the Cellular Phone’, in *How to Travel with Salmon and Other Essays*, Mariner Books 1995 (trans. William Weaver).

② Steve Fraser, *The Age of Acquiescence*, Little, Brown and Company 2015.

全保障没有产生任何的侵蚀？特别是，如果说“这个政治阶层所进行的一次又一次的公共支出削减和紧缩，已经让人们受够了，加上‘恢复’公共支出对于99%的美国人永远只不过是一种幻觉，无法让他们真正相信”，还有，在那些年月里，“普通民众拥有体面未来的希望和机会日益黯淡，而痛苦日益降临”，那么为什么这种运动仍然只是昙花一现？

*

在从现代初期积极的、狂暴的、坚定的和自信的乌托邦，到现今极不自信的、扭捏的、阴郁而失望的、挫败主义者的逆托邦的道路上的某处，皮格马利翁（Pygmalion）遇到了纳喀索斯（Narcissus）。在奥维德（Publius Ovidius Naso，B.C.43—A.D.17）的《变形记》（*Metamorphoses*）中，皮格马利翁用象牙雕刻和创造了美丽的嘉拉蒂（Galatée），并深深迷恋于她的魅力，并执着地祈求上帝赋予她生命，且非她不娶；而美少年纳喀索斯，则完全陷入了对自己美貌的迷恋，因河边湖畔自己的倒影而流连忘返，但最后迷恋的只不过是一种能够反映他的表面所形成的映象，但正如河水的表面并不能保持这种映象，用手一碰，水中的倒影就不见了。现在，有很多人就陷入自己创造的所谓美

妙之中，而不自知亦不能自拔。 124

美国历史学家克里斯托弗·拉什（Christopher Lasch，1932—1994）对当今这种自恋现象进行了开创性的研究[1]，并宣告这种“心理人”——资产阶级个人主义的最终产物——已经取代了作为资本主义社会正统典型人格的“经济人”。这种心理人，是资本主义社会发展到消费主义阶段或自恋阶段所培养的典型人格，这种人格与被它取代的“经济人”人格存在鲜明的差异：

> “心理人”不是为原罪所困，而是为焦虑所困。他寻求的不是把自我确信的东西强加于人，而是寻求生活中的一种意义……他不再保证对集体忠诚，认为每个人都在为了父权制国家所赋予的小恩小惠而竞争……在为了满足自己获得认可和好评的需要而激烈竞争。他不相信竞争，因为他下意识地把竞争与一种脱缰的毁灭冲动联系起来……在欲望没有限制的意义上，他是贪得无厌的……（他）要求立即的满足，生活在一种无休止的、永远不能满足的欲望状态……活在当下，就是支配他的激情；他为自己而活，而不是为先辈或后代而活。（pp.22–23, 30）

① Christopher Lasch，*The Culture of Narcissism: American Life in An Age of Diminishing Expectations*，Warner Books 1979.

克里斯托弗·拉什总结认为，“当代的自恋主义者，处于自我迷恋与宏大幻想之中，与十九世纪美国文学中经常赞美的‘帝国的自我’（imperial self）相似”，但这种相似性只是表面性的（p.35）。我想补充的是，这种相似性就如皮格马利翁与纳喀索斯之间的相似性，生产者与消费者之间的相似性。然而，需要指出的是，不能认为这种相似性是一种偶然而忽略之。毕竟，为了具体化昔日的“帝国的自我”而回到自恋主义的自我模
125 式，完全是用自我认同的、附有安装说明的商品套件来填充商店货架的社会的许诺。这样一种因果序列所导致的情景，完全不只是在“表面上”与各种“回到过去”现象的所有其他层面的困境相似。而“回到自我”，只是众多“回到自我”现象之中的一种情况。

对此，有几个根本性的问题需要探讨。其中之一就是，自恋主义倾向是一种“人格紊乱”吗，是否需要纳入付费医疗体制进行治疗？人们常常把它当作为人格紊乱来描述和讨论，或者常常把它当作“社会失序”来描述和讨论。这是正确的吗？它们是一种被人为放大的、边缘的、个人的异常，还是新兴的常态之征兆？自恋主义倾向是人们对不断变化的人类状况进行的新的选择，

还是他们之间背负责任和任务的人的新的性格特征？简言之，自恋主义是一种社会学现象，还是一种心理学现象？这些都是比较难的问题。如果我们从生态学的角度，认为自恋主义倾向是不同具体个人的产物，那么我们就无法得到明确的答案。而安东尼·埃利奥特（Anthony Elliott）对一种社会景观（socioscape）进行了观察、记录和描述：

> 在我们今天所生活的世界中，人们与传统的性观念的变化作斗争，与日益让人不安的各种关系作斗争，以不同的自我身份进行实验，并在商谈日常生活人际需要中寻求意义。根据其内在生 126
> 活意义来参与和塑造更大的文化画布，必然导致对个人选择的认可。在这种情景中，一个人进行选择，意味着他知道那些塑造和重塑自我意义的积极的、创造性的方式；与此同时，他也知道他人和文化对其关于私人生活领域的观念产生着深刻的影响。①

克里斯托弗·拉什坚持认为，“美国社会弥漫的犹如战争一样的状态，大量风险和不确定性对我们的包围，以及我们对于未来

① Anthony Elliott, *Concepts of the Self*, 2nd edition, revised and updated, Polity 2007, p.85.

的信心的丧失”，导致我们产生“内在空虚、孤独、虚幻的经验”，并最终激起了我们自恋主义的反应(p.64)。此观点引起了广泛而激烈的争论。这种观点的确是正确的，并让我们感到震惊和刺痛，但它并没有包括所有的真理。它没有看到，在因不可控制的大量风险而产生的经验，与这些风险所产生的长期的焦虑之间，存在密切的联系，并由此伴生了自恋综合征。而且我认为，视人们为必须主动为自己负责的个体，并把生活中遭受的挫败的责任完全转移到这些个体的肩膀上，最终导致了个人的风险和风险感急剧增加，导致了长期的焦虑进而导致了自恋主义倾向。

在奥维德《变形记》的第三卷中，纳喀索斯的母亲、仙女里俄珀（Liriope），请占卜者蒂利希阿斯（Tiresias）预测她儿子的命运。蒂利希阿斯虽然是个盲人，却明了一切，并预测只要纳喀索斯“永远不认识他自己”，那么就会长寿。不幸的是，当代的自恋者一生下来就生活在一种迫使他们竭力“认识他们自己”的文化中，这种文化迫使每一个人，无论男女，都要认识他自己。实际上，这是他们转向自恋的主要原因，自幼年开始他们就要接受这种伴其一生的培养、训练和演练。

西格蒙德·弗洛伊德（Sigmund Freud）[①] 在讨论人类的外在

① See Sigmund Freud, *On Narcissism: An Introduction*, Read Books 2013 [1914].

状况与内在精神时则要谨慎、全面和稳健得多。对于那种“认识 127
自我”的敦促（训诫），是一种紊乱的征兆，还是人类心理的普遍倾向，他进行了深入的研究并给出了明确的回答。为了找到解决那种困境的简单有效的方案，弗洛伊德拓展了以往关于自恋症的临床描述。1899 年保罗 · 纳克（Paul Näcke）把自恋症描述为“是某些人的一种态度，即他们用把身体当作性对象来对待的方式，来对待自己的身体的态度”。纳克的这一种临床诊断，自提出以来就被当成一种权威的描述。但是，弗洛伊德又对其进行了拓展，认为“自恋贯穿于人的性发育的正常过程中……从这个意义上说，自恋不是变态，而是原欲（力比多）对唯我的保护本能的补充，但凡生灵均有此种本能”（pp.3–4）。弗洛伊德认为，“自恋症”有“两个基本特征，一是自大狂（megalomania），二是关注点从外部世界的人与物转向自身”（p.4）。其实这两个特征是密切相关的，因为“退出外部世界的原欲，直接转向了自我”（p.5）。可以说，这二者之间存在一种又爱又恨（Haßliebe）的双向互动：“我们也看到，一般说来，自我 – 原欲与客体 – 原欲之间，互为彼此的对立面。其中一个被调用得越多，另一个就被消除得越多”（p.7）。在弗洛伊德的研究路径中，“自恋”仍然被视为人的自然倾向的歪曲表现，自恋并不是一种病痛，尽管使自恋者苦恼，但还构不成“临床症候”。弗洛伊德反对“把人类明确划分为两大完全不同的群体……”的看法，而主张“每个人都可能同时选择恋他或者自恋，都可能同时把他人或自己作为
128 恋爱的对象，只不过可能更偏好于选择自己或者选择他人”。他还说，“每一个人都存在原初的自恋倾向，可能是一种普遍现象”(pp.23–24)。我认为，弗洛伊德在1914年所预示的这种普遍可能性，在百年之后已经变成了一种规范，并规制和调节着我们的行为。

*

弗洛伊德预感自恋会成为一种普遍现象，而今自恋确实已成为一种心理常态，其后果则是明显的，正如布雷格曼所指出的，“现在最重要的事情……就是要成为你自己，……做你自己的事情”。因此，“自由——我们的表面上最高的理想——已经变得空洞无物”[1]。让我们最痛苦的，就是缺少“早晨起床的一个理由”。因此毫不奇怪的是，“以前从未有如此之多的年轻人曾看过心理学家”，也没有如此之多的早期职业生涯倦怠或有如此之多的抗抑郁药被服

① Rutger Bregman, *Utopia for Realists: The Case for a Universal Basic Income*, *Open Borders*, *and a 15–hour Workweek*, The Correspondent 2016, pp.22–23.

用。但是，他在这种浓厚的阴霾中发现了一线希望："这种广泛流传的怀乡病，这种对并非真实发生过的过去的渴望，表明我们仍然还有理想，即使我们已活活生地把它们埋葬。"①

我们日益丧失了关于未来美好社会的各种方案的信心，并认为这些方案的结果即使不会比"现在更糟"，也一定不会比现在更好，例如那些方案并不会使我们的工资上升，并不能使我们拓展我们的职业生涯和提高我们的职业地位，并不会给我们提供新的工具和方式，不会给我们增加假日，甚至不会使服装、汽车、壁纸时尚发生多少变化。我们也日益与这样的方案背道而驰。所以，毫不奇怪的是，当我们寻求真正有意义的理想时，怀旧的我们会回到那些早被埋葬的过去的各种思想和观念。我们真的是过早地、贸然地抛弃了这些庞杂的、形形色色的思想吗？我们可以得出这样的结论，原来当人们提到"更加美好的生活"时，自然地把其与未来联系起来，但是现在"美好的生活"，已经日益与天堂般的未来相脱离。而在此过程中，"更好的生活"逐渐沦为一种商品化的生活，对消费市场的宰制，并且因为被掏空了道德意义而变得 129
极度的贫困。

① Rutger Bregman, *Utopia for Realists: The Case for a Universal Basic Income*, *Open Borders*, *and a 15-hour Workweek*, The Correspondent 2016, p.25.

但是，这种“更好”与“改良”思想的情况又如何呢？我们受到引诱而设想一种意义，然后把这种意义输入我们无尽的努力之中。但是，难道这种意义就不会受到持续进行的文化革命的影响吗？正如英国城市大学组织行为学教授希德斯多姆·斯派塞（Cederström Spicer）和安德烈·斯派塞（André Spicer）的研究发现，现在有一种新的意义——“健康”——常常取代和排斥从相对晚近的过去中记取的意义。[①]“健康”（wellness）本身“已经成为一种道德要求……作为消费者，我们被要求掌管自己的生活方式，其目标在于使我们的福祉最大化”，即我们个人的健康与舒适的最大化。十分重要的是，“当健康成为一种意识形态时，那么不能获得舒适就是一种耻辱”。那些“不能照顾自己身体的”人，“会被丑化为懒惰、孱弱或意志薄弱者”，“猥琐下流的异类和不正常者，以及非法而堂皇无愧地享受某些事物者，而每个有意义的明智者都会不屑如此”（pp.3–4）。二位作者借助英国作家史蒂芬·普尔（Steven Poole）[②]的故事，指出食物正在成为今天我们的意识形态，在我们寻求满足口舌刺激之物时，食物正在把我们的信任从政治家和牧师——我们已经失去对他们的信任——

① Cederström Spicer and André Spicer, *The Wellness Syndrome*, Polity 2015, p.3.

② Steven Poole, *You Aren't What You Eat*, London, 2012.

转移到有名的厨师和营养学家，并认为这是一个“关于人类存在的大问题”。这种信任的转移，导致了一些全新的结果，即当我们把私密生活以及对意义的寻求外包给专家时，这些专家却“教我们把责任内包”，他们说“是我们自己一手造成了各种可能问题”(p.13)。

我要指出的是，只要承担责任的行为以及一直忠诚于这种责 130
任的行为构成了道德态度的核心，那么这种新的“回到自我”的道德，根据重新把责任（这至少是值得大多数人关注的首要要素）从“外部”（即从他人、附近的和亲近的人，“我们的”共同体、社会、人类，我们共享的星球）重新导向我们的身体，认为其具有灵巧的、满足“健康”的能力。我们讨论的这种转移所造成的附带损害就被个人化了，这是道德义务自我参照的实质。这种新的道德，已经从向心性的道德变成离心性的道德，即道德曾经是弥合人际鸿沟、缩短人际距离、促进人际整合过程的首要黏合剂，但现在却成为造成现在严重的且还在不断恶化的分割、隔绝、疏离和撕裂的首要原因。

*

美国小说家和哲学家艾茵 · 兰德（Ayn Rand，1905—1982)

的著作，一度受到主流学术哲学家和权威的文学评论家的或明或暗的诋毁、贬低和忽视，但现在越来越受到欢迎。对此，维基百科提供了如下信息：

> 在 1991 年，美国国会图书馆和每月读书会进行了一项调查，问读书会成员，哪一本书对其最有影响。艾茵·兰德的《阿特拉斯撒手逃遁》(*Atlas Shrugged*，又译《阿特拉斯耸耸肩》或《地球战栗》）高居大众流行榜的第二位，仅次于《圣经》。艾茵·兰德的书销路都很好，读者十分广泛，仅 2013 年就出售了 2 900 多万本（其中大约 10% 由艾茵·兰德研究所免费发给各所学校）。
> 131 在 1998 年，现代图书馆的读者投票《阿特拉斯撒手逃遁》为二十世纪最佳小说，而他的小说《源泉》(*The Fountainhead*）排在第二位，《赞歌》(*Anthem*) 和《生而为人》(*We the Living*）分处第七和第八位。[①]

从销售量可以看出，大众读者认为《阿特拉斯撒手逃遁》是艾茵·兰德的杰作。维基百科认为，尽管遇到很多否定性评论，该书仍然成为了一本全球最畅销书。而艾茵·兰德的其他小说和

① https://en.wikipedia.org/wiki/Ayn_Rand#Popular_interest.

哲学著作的命运，也是大红大紫。她的故事完全足以证明，需要其著作中提供和宣扬的思想和观念之大众草根，是如此之多，他们的这种需要是如此的难以餍足。她一定是从我们当代的生活世界（Lebenswelt）中发现了并提炼了某种情节。而一直以来，那些哲学家和文学精英完全忽视了这种情节，或者不能正确认识这种情节，拒绝触及这种情节，更别说积极审视这种情节了。这种不和谐和分歧是相当的不寻常，加之自恋症复兴的复杂性和天生的模糊性，表明当代文化中存在的“回到自我”运动处于何种情形。出于同样的原因，哲学家以及社会学家对“艾茵·兰德现象”的持续忽视，似乎完全是一种严重的误判。

艾茵·兰德把这种情节称为“客观主义者伦理”（objectivist ethics，即“人之生存的一种客观必然性”），而她想从这种客观主义者伦理教化中收获的果实，她称为“合理的自私”（rational selfishness）。①而她特别指出的是，所谓的“人类社会”实体，在这种客观主义者伦理和合理自私的形成过程中，并没有发挥任何作用。 132

艾茵·兰德对她选择这些术语的背后动机直言不讳。她一直承认这点，并且她“时不时”听到有人问：“当有如此之多的人

① See Ayn Rand, *The Virtues of Selfishness*, A Signet Book by Penguin. 自 1994 年出版以来该书已销售 130 万册。

反对‘自私’，当这些人的‘自私’一词的含义，与你的使用含义不同时，为什么你还要使用‘自私’一词来指称人格中的美好品质？”她承认她对于这个问题的答案“可能因此而让你感到害怕”(p.vii)。但是，她解释说，“利他主义（错误地）宣称，为了他人利益，采取任何行动都是善的，为了自己利益而采取的任何行动都是恶的”(p.viii)。她始终认为，这种宣称对她的“客观主义者伦理”观存在病态的敌意，并且这种宣称要为“整个历史中人际关系与人类社会始终处于冲突和矛盾状态”承担责任。

简言之，艾茵·兰德所追求的，只不过是一种最激进的价值重估，即改变强调人类状况的重要性，转而强调缓解个人生存基本困境的重要性，从而实现善恶标准的换位。她认为，“客观真理”与霍布斯所描述的一切人反对一切人的战争这种人类共处状态共存相伴，但是也与利维坦共存相伴，霍布斯把和平希望寄托于它，但是利维坦常常伴随用谎言掩盖真相的罪恶，也掩盖那种谎言所有的可怕后果。她还主张，伦理要求人要自私，这是一种事实，并且我们中的许多人——悔悟的或仍执迷不悟的罪人——觉得和认为这种事实是一种好消息，即可以完全赦免利己主义和自我中心主义的罪行——乖张的现代哲学思想错误地把罪行、羞耻或罪过归因于利己主义和自我中心主义，并从中获得无罪。甚至有更多的人——那些想自私一下却不敢犯罪的人——会欢迎它，认为那是一种先天获得的嗜好，所以未来会犯罪。然而，我 133 们也可以认为它是对我们所有人同时发出的一种警讯：要“站得正，行得直”，因为它受到“客观伦理”提供的大规模宽恕和放纵性质的影响。在他们之间，“客观伦理”所带来的好消息和坏消息，都可能导致“合理的自私”只不过是一种自我实现和自我应验（self-fulfilling）的假说。

他们不只是可能这样做。我们现在已经看到，他们正在这样做，正在以一种相当轻快的步伐推进这一工作。并且，因为这种信息具有不可救药的双重性，同时是好兆头也是坏兆头，是许诺也是警告，是鼓励也是劝阻，所以我们应该完全料到的是，闸门已经打开，并引发了一种关于自我学习、自己动手和操作的出版物大潮，所有这些出版物都热切吸引读者们加入这样一种行列——为受雇完成这个任务的人大掏腰包，而不是领取报酬。

但是，这股大潮日益分成两股并涌向两个河道（但还是偶有联系）：一股涌向那些寻找指引以知道如何成为自恋者并毫不愧疚地享受它的人们，另一股涌向那些希望知道如何防止自己不受自恋症影响、不与自恋者交往，并使自恋者为自己的思想与行为感到后悔的人们。还有一股大潮，也许具有同样的根源，也分成了两小股：一股涌向渴望创造－孕育而孤独的人们，另一股则涌向遭受孤独之痛的受难者。接下来发生的是，从各种各样的漂浮物和投弃物中即兴抽取少量的样品。

134 威尔逊·库珀（Wilson Cooper）安慰道："孤独在人类中犹如贝壳在海滩上一样常见。"[1]幸运的是，孤独"只是一种情感。并且，如果各种情感可以极大地影响你，那么这种孤独感也可以被转变"（p.13）。那么如何实现这一点呢？他说，请记住："只有你爱你自己，别人才会来爱你……你不能期望从别人那里获得一种你自己对自己都没有的情感。如果你自己都无法接纳你自己，那么不管别人如何赞扬你，也不会消除你不能接纳自己这个问题"（p.15）。这与你在内心珍视的或者责备的周围其他人都没有多大关系。因此，你必须"学会勇敢"（p.19）。不要因为在公共场所暴露了你的孤独而感到羞愧，例如"肯定存在你想去吃饭的新饭店，甚至你一直十分想去参加的音乐会，但是，你却从来没有那样做，因为你不能找到一个人和你一起去……我们必须学会

① Wilson Cooper，*Love Yourself – Your Life Depends on It: How to Transform your Life and Overcome the Loneliness*，2015，p.7.

并意识到，被人看见只有你一个人出现在公共场所，也是可以的”(p.20)。这个建议似乎简单而直接，也容易去实施。然而，如果你发现其效果并不如你的预期那么好，而你自己的所作所为已经证明是无效的，那么又会怎样呢？——如果你愿意与他人谈起你的情感，“那么别人又会为你做点什么呢？”幸运的是，还有治疗师，还有治疗师开出的药物(pp.26–27)。

正如社会学家赫希尔德（Arlie Russell Hochschild）指出的[①]，与所有其他不完善的诸自我一样，有人建议你也得把受孤独感折磨的自我进行“外包”。我们自己所谓的有无上权力的自我所剩下的、足以转变情感的部分，就是扼杀正日益退化的羞耻感，并因此使我们不在乎所有对我们不利的怪异目光，在没有人陪伴 135
的情况下进入那家新开业的饭店或参加一场很酷的演唱会。

在我们的生活工具箱中，已经没有剩下什么更多的东西。在快餐和手机盛行的年代中，老式的社会化技能要么被遗忘，要么因为低效而被束之高阁。通过协商来使我们个人选择的身份获得公众认可和肯定的艺术，以及通过与公众协商来获得自尊的艺术，

① See Arlie Russell Hochschild, *The Outsourced Self: Intimate Life in Market Times*, Henry Holt and Company 2012. 情感生活先前较少受到市场的影响，而把“那些已经触及我们情感生活的服务”外包给职业性的专家，在赫希尔德看来是“当代场景中的最伟大的创新”。这种外包模式先前在安全剃刀、自动发条手表或快餐上经过测试，并被证明是方便的。所以，越来越多的遭受孤独的人，由于不知道如何处理孤独，于是排队涌入市场，把消除孤独外包给市场，从而使消除孤独的服务市场有利可图。

同样迅速陈旧过时。例如，冲浪的礼节，现在日益取代了行走、游泳、潜水和探险的礼节。现在，在他人试图成为重要他人之前，在我有机会认识到他人的裁定是正确的之前，他人已经从我的视野中消失了，我与他根本不能进行深入的接触，所以依赖“重要他人”做出的权威裁定，已经不在我的选项中。威尔逊·库珀承认这些，但似乎忽视了追溯这个问题的根源及其造成的损害。他说，“这个‘他人’可以是一个朋友，一个家庭成员，甚至一个情人，但是他似乎不会丰富你的生活，使生活成为应该成为的那样”(p.22)，他“似乎”对一个背负自己造成的孤独的“自恋者”没有任何帮助。孤独的自我可以获得唯一的陪伴，就是通过在咨询者和治疗师市场中购买咨询和治疗服务来实现。

在这种市场上通过购买而获得的商品，被认为可为买主提供武器供其在两条战线上同时发起战斗。自我关注与自我参照的自恋者们在与我们同时代人相处时面临两大挑战，在处理这两大挑
136 战时，需要咨询者与提供他们所推荐的服务的治疗师的帮助。

虽然这些人推荐自恋主义者要保持“合理的自私”，但是这种合理的自私有一定限度（阈值）。而超过了这个限度，“合理的自私”就从一种资产变成一种累赘，从值得赞扬的“常态”变成

应受谴责的变态。越过了这条界限，一个人自己的自恋倾向——因日常生活中人际纽带的不断瓦解而蠢蠢欲动，并在市场与媒体的共同作用下逐渐萌生、强化和巩固——就会逐渐成为一种威胁，使自己成为一个出格的、积极的和风头过盛的自恋狂，并让他人厌恶，进而使自己根本没有可能与他人建立起有意义的关系，就更别说与他人建立起牢固的关系，并从中获得回报和满意了。所以，上述两大挑战中的第一个挑战，就是一个人的自恋程度，至少必须在到达这个限度之前的“几英寸”处能停下来。对此，关于咨询者为我们提供的帮助，可以参阅泰德·道森（Ted Dawson）的《自私与自我吸引：如何防止其毁了你的关系》（*Selfishness and Self Absorption: How to Stop It from Ruining Your Relationships*），或者卡罗尔·富兰克林（Carol Franklin）的《自恋：自恋者剖析》（*Narcissism: The Narcissist Laid Bare*）。

第二个挑战来自过度自恋狂给其所影响的对象提出的挑战。对于这种挑战该如何应对，可以参阅伊娃·德拉诺（Eva Delano）所著的名为《自恋问题解决办法：如果你的伴侣、父母、朋友或同事是一个自恋狂，该如何办？》（*Narcissism Problem Solution: What to Do if Your Partner, Parent, Friend or*

Work Colleague is a Narcissist?）的小册子。这个标题直接表明了该书的核心思想。不过，需要注意的是，专家提出的这两类建议非常模棱两可而非一成不变。咨询者与治疗师在回应他们的顾客或病人的需求时，一定会根据他们的对象的性质，一定会在回应他们的顾客或病人的需求时，解决同一现象却显然相互矛盾的两种需求——如何成为一个有疗效的（efficacious）自恋者，以及如何破坏一个自恋者的影响（efficacy）。

*

137 瑞典导演埃里克·甘迪尼（Eric Gandini）最近的纪录片《瑞典人的爱情理论》（*The Swedish Theory of Love*）[①]吸引了很多公众的目光。该片不仅受到瑞典的关注，影响还远远超越了瑞典的国界。甘迪尼强调指出，瑞典社会“是富有的，那种富有给我们提供的是自由的时间。我们可以用它来实现自我发展与反思”。但是，他又立即补充说，如果我们深入一步，就会发现在那种幸福与安康的景象中，孤独感却越来越严重。在斯德哥尔摩，58%的居民属于独居家庭，四分之一的居民独自死去，而抗抑郁药的消费，最近二十年来增加了25%。

---

① http://weekend.gazeta.pl/weekend/1,150913,20064106,sztokholm-europejska-stolica-samotnych-jak-szwedzi-stali.html.

根据维基百科，托尼·塞利米（Tony Jeton Selimi）“是九本国际最畅销书的作者，其著作被翻译成了二十八种文字”[1]。其《孤独：现时代的病毒》（*Loneliness: The Virus of the Modern Age*）一书[2]，持有与约翰·德马蒂尼博士（Dr John Demartini）一样的看法。该书扉页写着：“一副为那些在虚空的荒漠中渴求联系、自由与爱的不安灵魂的安慰剂”，然后下面接着不少于三十条著名辅助治疗专家和临床医师所发表的不吝辞藻的赞美。《孤独：现时代的病毒》其实是一部严肃的学术著作，读者十分广泛，当然也产生了十分广泛的影响。塞利米在其简历中，把自己描述为“得到商界领导、经理和企业家认可的、国际知名的人类行为认知专家”。他说他自己的著作，是献给“那些感觉被排斥、孤立而痛苦的灵魂，以及感觉与公认常态不同的灵魂”（p.xvii）。

塞利米的研究主题，是存在于我们日常生活经验中、为我们 *138*
所有人熟知和憎恨的现象，但矛盾的是，我们在日常生活却要热烈地支持和促进这种现象，使得这种现象能够长期维持。不过说到底，却又并不矛盾。正如他在该书导论中指出的：

---

① https://en.wikipedia.org/wiki/John_Frederick_Demartini.

② Selimi，*Loneliness: The Virus of the Modern Age*，Balboa Press 2016.

> 孤立、独立、孤独和脱离联系，在你生活的每个层面中都跟着你。你在日常通勤途中，以及在机场和饭店时都会看见，人们时刻拿着手机、平板电脑、笔记本电脑，似乎绝望地想与人联系、交流和被别人倾听。然而，如果你向周围看看，你会发现他们完全忽视就在他们身边的人的存在，完全不能与周围的人进行接触与交流，建立联系，而且躲避与这些人进行哪怕是简单的对话（p. xxx）。

乍一看，这段话没有什么可删减的，也没有什么可补充的——非常精简，但包含的信息十分丰富，又极具警示性。不过，尽管这段文字十分精彩，但全书并非如此。当你一页一页看下去，希望最终把握全部信息，特别是希望知道如何应对这种警示所涉及的问题，但在全书中却找不到这种信息，所以会觉得其实还需增加更多内容，作者并没有谈及最重要的事情。原以为该书会深入探讨其标题所暗示的主题，但它最后似乎背离了其原意和初衷。

回到二十世纪之初，那时伤寒症不断发生，常常由医生来治疗。医生诊断这种疾病的症状，就是受感染者会发高烧（体温会
139 达到 40°C 甚至更高），他们会把这种病人丢进一桶冷水中。上文

勾勒的诊断和治疗社会弊病和不满时所运用的程序，与这种治疗逻辑相似，而它们的治疗效果似乎也很相似——当人们在完成交代的“外包或内包责任工作”的时候，确确实实却是待在家里，显然是活着的、状态很好的和勤劳的。这种责任内包或外包的工作，是社会科学与个人咨询之间存在的灰色交流地带，现在臭名远扬。对于孤独——“现时代的病毒”——的诊断、症状描述和所建议的治疗，是那种逻辑仍然存在的众多证据之一。

*

孤独与对孤独的恐惧，不仅是广泛传播的情绪，也是在我们这个时代里，根源于流动现代性生活经验的难以消除的顽劣事实，但也是对一种激进疫苗的厌恶和反感。这种疫苗就是，使他们与毒素保持一定距离，甚至是一次性根除他们身上隐藏毒素的解毒剂。这种激进的解决方案防止他们进行无期限的承诺和投入。这种生活状况充满了暂时的气氛，毫无保留地展现其明显的临时状态，因此所有长期计划，即使根植于表面上具有约束力的相互信守的合约，也不能博得多少信任。相反，只要愿意，长期的计划就会扩大风险范围，增加大量的未知变数，使人们更难预知是获得成功还是遭受失败。通过质疑任何伴侣的可依赖性，通过减少

140 对特别状态的依赖性，网络、联合或共谋似乎绝对会促进人们放弃对孤独幻象的追逐。从最底层到最高层的人类团结，那种幻象都如幽灵般徘徊不去，夺走现在人们享受和珍爱的、艰辛建立的各种人际团结纽带，也使生存环境可持续性再也无法得到保证。

让我们从最底层、最基础、最基本[1]的人类团结——爱情伙伴关系或者“两个人的道义结党”——开始分析。对于现在这些最底层的人类团结所遭遇的困境，比利时著名心理学家保罗·韦哈格（Paul Verhaeghe）进行了分析。[2]他首先分析了家庭的现状，包括其平均规模，认为家庭仍然是最为基本的人类团结形式，但数量正在快速下降，也就是说，越来越多的人不愿意进行传统的家庭生活。韦哈格说，“家庭这个世界原来‘无处不在’，但这个世界现在正在消失。例如，“主妇”邀请“最好的闺蜜”的丈夫来她的公寓‘小啜，喝上一杯’。大家知道，在昨天这可能意味着什么……但在今天什么也不是，家庭生活已经发生急剧变迁，昨日的夫妻已经消失了”。他继续说道，这种传统夫妻关系的消失所导致的后果，就是“老式的浪漫爱情宣言，如果说还能够听得到的话，似乎已经相当的虚空。人们已经不再期待永恒的爱情，

① See my essay ‘Morality Begins at Home: Or the Rocky Road to Justice’, in Zygmunt Bauman, *Postmodernity and Its Discontents*, Polity 1997.

② See Paul Verhaeghe, *Love in a Time of Loneliness: Three Essays on Drive and Desire*, Karnac Books Ltd 2011 (trans. Plym Peters and Tony Langham).

爱情‘即使存在’，也只是‘一小会儿’。年轻一代已经很少使用“亲爱的”之类的表达，更别说“老公或老婆”之类的表达了，而是通通变成了“搭档”(my partner) (p.1)。

现今的“情爱关系”，完全具有短暂、临时合约的所有特征，它绝对不是纯粹和明确的。但吊诡的是，“终身爱情关系仍是青年人与成年人的梦想。在现实中不能实现，往往只会使梦想更加生动”(p.2)。理解这种困境的奥秘之关键，在于要意识到“在 141
(可持续的爱情关系中) 存在的主要事情，常常就是性，但是现在的重点变成了安全和保障。爱情，只不过是在寂寞时服用的一剂良药”。

我认为，爱情现在已经成为永无休止的“安全与自由”博弈中的一个小小的马前卒。这种博弈是生活的实践者根据人类状况而进行的，我们所有人都会积极而专注地参与其中，但有时是热情的，有时又具有报复性。我们都是这种博弈的主打产品或者副产品，同时又是这种博弈的建设者、制造者和参与者。

韦哈格所说的这种安全倾向，“清楚地界定了各种限制，而没有给怀疑留下任何空间”，但“在二十世纪的后半期被消除了”。在这期间，人们建起隔离墙，然而这些隔离墙又倒塌了，并打开了通向“一种新的、开明的两性关系的大门”。然而，在那段骚动喧嚣却让人挫败沮丧的较短暂时期内，人们的期望被提得极高，似乎那座墙已经吱吱作响、摇摇欲坠。人们希望、预期和热切地渴望能够在隔离墙的另一边，找到、拆开、采纳、应用应对各种困窘的大量有效答案，并给我们带来令人愉快和让人满意的结果。但是，一旦人们发现在隔离墙的另一边，只不过是一种虚空的空间，这种期望就开始枯萎和退潮。

爱情愿意为数量日益增多的孤独者大军增补安全提供者的空位。但是，到目前为止，爱情不愿再努力把安全保障提高到那种职位所要求的水平，现在，想逃离使自由与安全陷入困境的僵局，似乎已经不可能了。一方试图促成的东西，就是另一方试图挑战和否定的东西。现在，希望实现安全与自由得到恰当平衡的渴望和呼声，以及目的相反的、对更安全的需要和对自由的渴望，在
142 理论研究中彼此之间比以往任何时候都更加难以妥协，而在实践领域，彼此又竭力削弱对方的吸引力、作用和影响。以前我们绝不会想到，这两种目的相反的诉求和渴望同时出现了上升，但是其中一种诉求和渴望的上升，结果就必然会强化另一种诉求的对抗性和攻击性。至于这场比赛对孤独命运的影响，我们很难判断，

把赌注押在这一边或是那一边，感觉就像是在撒旦与深海狂鲨之间做出选择。

*

诗人梅丽莎·布罗德（Melissa Broder）关于身体与精神裸舞的诗集[①]，在一夜之间就成了最畅销的书，在线上世界与线下世界都极受欢迎。我们每天在这两个世界中漂移和漫游，我们的存在模式与我们的世界观——与我们对我们的诸自我的解剖相互影响——都分裂成这样两个世界。评论家一直存在一个棘手的问题，即如何用读者极力寻求的话语，来表达他们自己的体验，同时不辞辛劳地把他们的内向和外向情感进行包装，以使他们能够理解自身以及与他人交流。在这个问题上，文学评论家和读者，这次却罕见地对上了眼，取得了一致。也就是说，读者在布罗德的公开忏悔中，找到了评论家向读者保证会找到的东西。2016 年 3 月 14 日的《艾丽》（*Elle*）杂志认为："推特是加冕的女王，经由她的第二自我而焦虑、不安全、性沉迷，以及存在性恐惧"，"她似乎也难逃冲击，但是会幸存下来"。美国女性主义作家罗克珊·盖伊（Roxane Gay，1974—　）则说："这些散文是悲伤的，读来让人不安，有着它们自己独特的精彩。它们透露了如此之多的信

① Melissa Broder，*So Sad Today*，Scribe 2016.

143 息，使我知道此刻生活于这个世界是什么样子。”对于布罗德的那些充满渴望的、当然也是充满感激的大多数读者所面临的这个困境，作者在最初几页进行了直接探讨。她说，“外向归因的存在，使你感到很糟糕。它是一个方便的工具，通过它，你可以把发生在你身上的任何积极事情，都视为一个错误，主观的错误，从来都不是你自己的优点和长处的结果，却把发生在你身上的消极事情视为客观的真理，并且认为它们都是你自己的缺陷导致的”(pp.1—2)。

在我们这个世界中生存的居民，面临一个让人讨厌和烦恼的任务，即要从“外向归因”中构成他们真正的自我。在这样的一种世界中，出身会不可避免地形塑你。难怪，该书的第一个主张以及剩余部分可预测的结论就是：“没有经过小孩的同意就把他带到这个世界，似乎是不道德的。留在子宫中，似乎更加保险。子宫就是涅槃（nirvana)。”同样难怪，布罗德的结论是“我不要离开子宫”，并且明确强调和主张“我从那时起就试图回到那里”。的确，这听起来就像是一个不可避免的结局。为何？因为“来到地球上的第一天，我就发现其魅力无法吸引我”，并且，从此以后天天都有这种感觉，无法消失。

正如布罗德所言，她做梦都想回到的子宫，是涅槃的标本。涅槃的概念源自佛教，在佛教中涅槃指的是根除和灭绝各种欲望，抛弃一切烦恼，清心寡欲，也就是说所有刺激和激情，不论是积极的还是消极的、愉悦的或痛苦的、让人满意的还是让人不适的，统统都要戒除和“熄灭”（就如熄灭一支蜡烛）。在佛教教义中，这种允诺的结果就是“无我”状态。这种无我状态，与布 144
罗德的永远“欲求”状态完全相反，后者就如宙斯之子坦塔罗斯（Tantalus）那样，永远任性地追逐欲望，却无法达到餍足的时刻，也显然与我们根据命运的法则而自由选择的生活状态完全相反，而这样的生活就是佛教教义所宣扬的。渴望“回到子宫”，并因此重新进入涅槃状态，是希望回到伊甸园的还乡病的一种变形，即试图回到个体化的孤独状态，因此必然会失去亚当与夏娃的子孙所追求的一切。独自承担自己的过失、失误与不轨的责任，会导致个人疲乏不已，而他渴望马上从根本上一劳永逸地完全终结这种疲乏的壮举，将始终无法达到足够宏大的程度，来消弭放弃自由所付出的代价。

至于梦想、怀乡病、渴望一个与因日常生活体验而极度熟悉的世界完全不同的世界，想消除各种各样的纷繁复杂的烦恼，也就是梦想有另一种生存状况等等，实际上都是在为我们集体寻求一种更加美好生活的旅程设置路标。这种更加美好的生活，就是更加舒适，更为便捷，能够获得现在和此时此地世界不能提供的产品，并避免其所附带的弊病。布罗德所说的子宫或涅槃，似乎正在标示我们现代冒险历史过程的最终结局。中世纪的“安乐乡”或“富足之地”概念，标示了这一冒险历程的开始。那里的人们“想象了一个梦幻之地，在那里烤猪背着小刀四处游走和供人们随意切割，烧鹅直接飞进人们的口中，煮鱼则从水中跳到人们的脚
145 下。天气始终风和日丽，美酒自由流淌，性可随时获得，所有人都永远青春不老”。

这就是阿姆斯特丹大学教授赫尔曼·布雷吉（Herman Pleij）在其让人大开眼界的著作《安乐乡之梦》（*Dreaming of Cockaigne*）[1]中所重现的“中世纪农民”之梦，这种梦想为那些身陷致命劳作之苦、每天为了难以果腹的食物而抗争的农民提供了一种安慰。[2]在这个自由与丰裕的梦幻世界，所有社会严苛都“被否决，甚至和尚打倒了他们的方丈；性禁锢被消除，变得自由而开放，甚至修女都大胆地撩起了她们的裙裾；食物十分丰裕，甚

① Herman Pleij, *Dreaming of Cockaigne: Medieval Fantasies of the Perfect Life*, Columbia University Press 2001 (trans. Diane Webb). See also http://cup.columbia.edu/book/dreaming-of-cockaigne/9780231117029.

② https://en.wikipedia.org/wiki/Cockaigne.

至天上下的不是雨而是奶酪”。我认为，正是这个梦想使通向现代冒险之门大开，并从此以后从历史舞台的双翼促进它、推动它，使它完成整个过程，并因此（悄悄地、漫不经心地）使它逐渐接近并进入子宫或涅槃。而子宫或涅槃又是流动现代性中那些朝不保夕者之梦，为这些面临三重深刻困境者提供了安慰。这三重困境是，自我身份认同难以稳定持续、需要做出更多的选择以修复先前选择所产生的伤害，以及运用身份认同和更多的选择作为建筑材料来建构生活的某种或几种意义。中世纪的安乐乡之梦号召人们行动，而子宫中的涅槃之梦，则号召人们罢休。

中世纪的安乐乡之梦，人们认为是一种乌托邦，反衬出饱受匮乏之苦的人们所遭受的牺牲和无能为力。而回到子宫中的涅槃之梦，也是一种乌托邦，反衬出现在人们所遭受的繁重的让人愤怒的税赋，也反衬出现在人们拥有的机会、选择、性感、让人愉 *146*
悦的吸引力以及可能的向上流动等都在丧失的状况，以及包围他们的各种失败风险；还有，反衬出人们注定要承受这一切以及因此被祛魅，匮乏、憔悴与破落，反衬出人们因为发现那种安乐乡已极其难以实现而震惊和沮丧。

*

米德关于“主我”与“宾我”的辩证分析，开创了一条绵长的理论脉络，后人在其基础上不断拓展出新的谱系。似乎是为了重申或总结这一些理论谱系，安伯托·艾柯[①]宣称，“在自我之中还存在另外一个自我”，是人的“基本状况”：

正是另一个自我的样貌界定和形构了我们，就如我们不吃或不睡就不能生存一样，如果没有这个自我的样貌和他的反应，我们就不能理解我们自己是谁。即使是那些杀人犯、强奸犯、抢劫犯、专制暴君，也只是在某些时刻去杀人、强奸、抢劫、镇压剥削，他们在生活中还会花时间去博取同伙的同意、爱戴、尊敬和颂扬……如果我们生活在这样一种共同体中，其中每个人都决定从不看我们一下，对待我们就如我们不存在，那么其结果要么是疯狂，要么是死亡。

安伯托·艾柯认为，这种替代性方案实际上就是“一个野蛮而孤独的亚当，其对两性关系还懵懂无知，不知道对话的愉悦，

① See Eco, 'When the Others Appear on the Scene' – a letter to Cardinal Carlo Maria Martini, in *Five Moral Pieces*, Vintage 2001 (trans. Alastair McEwen).

不知道要爱子孙后代，也不知道失去所爱之人的痛苦”。正如亚里士多德（Aristotle）在2 500年前就已经指出的，只有天使或野兽能够生活在城邦（polis）之外，也就是说生活不需要人类的陪伴。人类既非天使，也不可能甘为野兽。成为人，却没有人的陪伴，完全是自相矛盾的说法。

人类的陪伴，是一个有生命的人得以形成的最基本、最重要 147
的基础。人既非生而孤独，也无法被想象为一个孤独的存在。但是，在子宫的涅槃中，并不存在其他人，也因此就根本不存在真正的人。只有已经离开子宫、开始接受训练和获得发展的真正意义上的人，才可能说待在那里的感觉是多么的美妙，多么的温暖、舒适而安宁。而生活在安乐乡中的人，无须自己努力即可无限地享受美食，也就不需要承担和完成强制性的和紧迫性的生活任务，所以应知道没有多大必要与他人进行接触与交流。同样，只有在寒风中战栗，才需要涅槃的温暖，涅槃也才会得到欣赏，并成为一种梦想；如果不需要去发现迫在眉睫的滋扰和苦恼，并努力把它们扼杀在萌芽状态，消灭它们并修复它们留下的伤害，那么就无法领略（或根本不可能获得）可卡因那催眠般的美妙以及使人无忧无虑、飘飘欲仙的魔力。

在当前的生存状况下，“回到子宫”现象之所以具有诱人的吸引力，在于工作日益繁重无聊；而工作的日益繁重无聊，又是由生活任务以及适当地、规范地实现这些任务的责任既被大张旗鼓又被偷偷地、悄悄地持续“下放”给个体所导致的。这种“下放”，也就把这种责任从人类团结性的两个层面——即斐迪南·滕尼斯（Ferdinand Tönnies）所说的社区（Gemeinschaft，礼俗社会）与社会（Gesellschaft，法理社会）、维克多·特纳（Victor Turner）所说的交融状态（communitas）与契约状态
148 （societas）——转移到个体的肩膀上。但是，个体（或许很快就会发现自己）既无足够资源又无充分技术来完成这些任务，所以既然不能使个体能动者自己满意，也无法使周围那些评判、赞扬或谴责其努力的大多数人满意。这是任务宏大但实现手段严重缺乏的又一个案例，它导致个体要持续承担严重超越其承受能力的职责。难怪，在流动的现代性世界中“不可抗拒地驱使”行动者日渐远离未来的风暴，使原本受到抑制的关于子宫的记忆，以及关于安乐乡的模糊幻想，又从短暂的休眠中苏醒过来。我们很容易就可以猜测到，这些个体将会从哪里逃离，并开释这种冲动的所有罪过。但是，这些个体——我们中的大多数人——又在逃往

何处呢？

由消费主义者市场和个体消费者构成的流动的现代性社会，可以被视为一种精巧的装置，使安乐乡之梦想仍然鲜活，这种装置通过把这种梦想展现在人们眼前，通过把这种梦想从虚幻的王国移植到完全现实的、可以接近和获得的愿景，从而使其具有无法抗拒的诱惑力。但是，这种装置通过不断提高意欲越过的横杆，精明地防止人们一下就能实现目标，以免使进一步努力变得多余，从而保持愿景那不可抵挡的诱惑力。另外，现在的虚拟现实技术，已经是随时随地都可以获得并提供服务的数字技术装置。在这种技术的支持下，这个社会可以并确实正在施展一种相似的策略来保持活力，并导致要回到子宫之梦想具有了可怕的现实性。

子宫往往是孤寂之所，但没有竞争者试图损害和削弱其唯一 149
居民的地位或窃取其利益和特权，所以它是一个安全的、零挑战的、无干扰的场所。如果这位居民——胎儿——拥有思考的头脑，他一定能够自我参照和指涉，那么不言而喻，他自己所关注、审视和价值上的目标，无可置疑地一定是他自己。正如澳大利亚数字社会学家德波拉·拉普敦（Deborah Lupton）所指出的，数字技术的应用——事实上几乎人手一个这种技术设备——促进了对

“作为自我改进或自我反思而存在的个体之身体和生活的各个层面的监视、测量和记录”[1] (p.1)。不过，我要补充的是，那个假设的具有意识的胎儿，会全职地、不受干扰地和不间断地参与的活动，也会被纳入监视、测量和记录范围；胎儿即使没有得到命令或类似的要求，即使没有“自我跟踪”——人们被鼓励但主要是被强制实施的自我跟踪，也会参与那些活动，并因此满足他人的目标(p.3)。但是，在子宫——我们假设的胎儿的整个宇宙——中没有“他者”，因此这种自我－跟踪不能强制实施，即使鼓励也是多余。正如拉普敦反复重申的，正是那个胎儿最终会加入的人群，现在“不时被鼓励着，‘半推半就地’、被强制地监督他们的各个生活层面，产生以后也可能用于他人目的的个人数据”(pp.3–4)：“从理论上看，自我－跟踪性是一种人格（selfhood）的实践，这种实践要遵从文化期待，这种文化期待要求一个人要自我觉察、反思，承担起管理自己和改进自己生活机会的责任”。因此，自我－跟踪体现了对新自由主义创业型（entrepreneurial）公民概念的神化”(p.68)。

150 而且，这种“新自由主义创业型公民概念”，这种新自由主义规则之下的“必须如此”的文化，很好地解释了“回到子宫”

① Deborah Lupton, *The Quantified Self*, Polity 2016.

的现象的出现。这种现象是成功的社会化进入现在主流生活哲学的产物。与所有成功社会化的故事一样，这种社会化从将“我必须”改造成“我愿意”着手，然后通过后者来消解与吸收前者，使“必须”消失不见，而人们“自愿”行事并最终完成。人们注意到，社会化极少受到人们的赞赏和被视为一种推动力，相反往往受到憎恨并被视为禁锢和牢笼。一切社会化的终极目标都是创造或提供条件，使人们自愿地去做他们必须做的事。

对于这种社会化，布吕尼极好地总结了我们已被推进到的状况，以及我们高兴而感激地到达的状况：

那些已经对脸书提出各种警告的人是对的。我们在智能手机、平板电脑和触屏式笔记本电脑上度过的每一分钟，观看最喜欢的网站，并根据自己的喜好滚动转换，都把我们导向一种预料中的大结局，而且我们不得不遵从这个大结局。

但是，在马克·扎克伯格（Mark Zuckerberg）的工资名单上看不见的木偶操纵者，不会受到谴责。我们都是真正的犯罪者。至于在使一个人的视角高于其他所有人，把人们引入文化上和意识形态上都僵化呆板的部落的过程中，脸书对我们所做的一切，与我们对我们自己所做的一切，完全不相同。①

151 我们被迫遵从，我们的渴望受到抑制。我们受到引导，使我们不必担心失去我们的方式。熟悉给我们安慰，使我们安静下来，或者使我们与要求安慰与安宁的情景保持安全的距离。我本人使用“舒适区”“回音室”“镜厅”等术语，来指称围篱封闭的迷你宇宙。在其中，人们往往找到他们自己，在布吕尼所说的“扎克伯格的工资名单上看不见的木偶操纵者”的支持和教唆下，我们急切地要控制我们自己。“舒适区”没有使人感到不安和厌恶的嘈杂，在其中你能听到的唯一声音，就是自己制造的噪声的回声；你的眼睛唯一能够看到的，就是自己相貌的镜像或影子；它正在把我们带到一个奇妙的电子装置中，似乎能够把我们带到离子宫之涅槃最近的地方，是的，它的确能够，也确实在这样做，并且得到了我们的协助。在这个虚拟世界中，网络是我们的智能交通工具，它装备了魔法般的引擎，通过使我们生机勃勃地划动双桨，使我们竭力增加甚至放大它已十分可怕的力量。

布吕尼引用了《正直的心灵》(*The Righte ous Mind*, 2012)一

① Frank Bruni, ‘How Facebook Warps Our World’, *New York Times*, 22 May 2016; http://nyti.ms/1s1hq1G.

书作者乔纳森·哈德特（Jonathan Haidt）的话：“我们需要的事物之一，就是把更多的时间花在与我们同样思考的人身上，而把更少的时间花在与我们不同的人身上。”而且，布吕尼指出，网络的操作者都极其热心地帮助我们，因特网“被设计成能够给我们更多的完全一样的东西，而不管这种完全一样的东西是什么”。而我还想补充的是，因特网更重要的是把我们从不同之处分开，而不管那种不同是什么。

我赞成布吕尼的看法，即“有线电视网络的扩张与因特网的发展，想来应会扩大而不是缩小我们的世界，但是它们所起的作用，就是加快了我们更加彻底地退回到志同道合者的飞地中去”。这真是一种让人生厌的结局。

“回到部落”与“回到子宫”现象，是“回到霍布斯”的强 *152*
大浪潮的两大支流，它们都源于十分相同的源头，即当下极其变化莫测的不确定性以及由此导致的对未来的恐惧。它们又都逐渐消失于死胡同之中。我认为，除非我们从根本上切断它们的源头，它们对我们的折磨就不可能停止。除了引诱或强迫，“历史的天使”（Angel of History）不会再一次转身。

第六章

结语：为了改变，请向前看

所以，我们的现状就是，我们进入了一种分裂与矛盾的时代，153 这是一个几乎任何事情都可能发生，任何事物都不能保证其自己具有一以贯之的确定性的时代。这是一个事物之因果关系变得史无前例难以捉摸的时代，一个以往经过验证被认为是有效的工具加速失去有用性的年代，也是一个寻找新的工具的努力大多仍属纸上谈兵——其成就并不比搜寻马航失事的 MH370 飞机残片的成就更多——的时代。

因此，我们处于持续性的工具性危机的时代。首先，由于政治与权力的分裂和几近离异，即由于随着权力挣脱政治控制，政治被无休止的权力短缺所困，其展开有效行动的最重要必备条件丧失，从而导致了最重要的工具性危机。其次，还出现了另一种 154 工具性危机，面对当代快速降临的、极有可能出现的问题和麻烦，出现了组织的无能与工具性的懈怠，并引起了广泛的忧虑和担心。对此，我所想到的就是已故的风险社会理论提出者、德国学者乌尔里希·贝克所指出的，现在我们处于一种不协调的状态，一方面我们已经被抛入高度全球化状态，出现了全球范围内的相互依赖、相互影响和相互改变，但是另一方面，全球化意识（更不用说世界主义意识）仍然处在诞生的阵痛期。

如果美国社会学家威廉·菲尔丁·奥格本（William Fielding Ogburn，1886—1959）还在世的话，一定会用“文化堕矩”(cultural lag）这一术语来概括我们现在所处状况的特征。1922年，他提出了这一术语，用来描述“原始人”在生活状况突然面临外在强加的“现代化”时，虽然对自己不利但仍然盲目乐观，无知于现代观念和行为律令这样一种困境。也许真的存在一个骑士，然而，即使有可能的话，他又能在哪里找到一种新的思想观念，来取代今天各种“现代性”的思想？后者把“非现代”状况诊断为一种“滞后”，并期望帮助滞后一方，把其水平提高到先发现代化者的水平吗？我认为，对于理解和解决当前的困境，正确而重要的做法，就是借鉴马克思的理论。他认为，我们——制造历史的人们——从来不是在自己所创造的条件下创造历史。他说：“人们自己创造自己的历史，但是他们并不是随心所欲地创造，并不是在他们自己选定的条件下创造，而是在直接碰到的、既定的、从过去承继下来的条件下创造。”①

在当今这样一种年代中的生活，导致不安、混乱、焦虑的气氛已经成为一种无法避免的定局。这种气氛使生活没有愉悦，无法舒缓，也难以让人满意。的确，消费主义者市场提供了各种各 155
样的镇静剂、抗抑郁药、抗精神病药，从而能够让人得到暂时的愉悦和安慰，缓解心理疾病；然而，这些药物只能供个人体内使用，而不能用于外在的或超个人的现实，因此人们在消费这些药物时，反而会陷入更大的困境和茫然无助，而不是有利于消除问题的根源。

在我们深入地回顾了我们人类集体的事态和现状后，我们还需要探讨的是，我们是如何一步一步地陷入这种状态的？

自公元前 2 万到 1.5 万年前的某个时刻起，有一小群真正的智人（Homo sapiens），从非洲和近东开始漫长而艰辛的征服，并逐渐散布于整个世界。在这个历史过程中，人类社会的整合水平不断上升。古代从事狩猎与采集的“原始游牧部落”，其成员大概不会超过 150 个人，超过了这个界限，食物问题就难以解决。这种原始人过着“从手到口”的生活，依靠的是狩猎和采集各种植物果实，活动范围也很小，不会超过凭脚力一天能够到达的范

① www.gutenberg.org/files/1346/1346-h/1346-h.htm.

围。随着农业特别是农耕和畜牧业以及食物贮藏技术的发明，人类能够形成整合更多成员的群体。而在后来的千百年中，随着工具的改进、劳动效力的提升、交通速度的加快，人类群体规模也
156 在不断扩大。与之相伴的是，“我们”范畴的内容也不断地膨胀，并逐渐形成了与“他们”——其余的人类——的并存与对立。这些人离“我们”或近或远，但被归于陌生人范畴，属于异于我者的外地人、外国人等等。简言之，他们不是“我们”，并且常常被我们定型化为实际的或潜在的敌人。

在人类历史上的不同阶段和地球上的不同地区，都存在各种相对稳定的团体，以及或多或少的较为持续的联盟或结盟模式。他们之间存在变化，但也一直具有一些共同的特征，即他们的产生、建构和再生产的机制都是一样的，都会不断地团结与瓦解、统一与分离、整合与分裂。要把各个单元整合起来，首先就需要使这些单元与“我们”分离。“我们”是注定要、一定会、也会如此急切地要进行整合的人；“他们”则是另外一些人，离我们的核心很远，不需要我们去救赎，也许永远注定要被排除在整合的范围之外，并因此需要我们筑起边界防止其进入。在“我们”与“他们”的二元对立中，“他们”通常扮演——用结构主义的

术语来说就是“无标记的”（un-marked）——先在成员（prior member）的角色。只有先决定和宣称谁是与我们“不一样”的人们，才能决定与宣称“我们”是谁。“他们”的身份是“我们”的自我身份及其明确合法性的一个必要条件，而且在很多情况下还是一个充要条件。

欧洲在这种工具的装备之下，进入了民族－国家建构的现代时期，并在现代领土主权国家的建构中施展通过分离他者来整合“我们”的策略。在这个过程中，1555年和1648年是关键年份。在1555年，欧洲各国王朝使者聚集在奥格斯堡（Augsburg），共 157
同商讨一种方案，以结束欧洲内部漫长而血腥的、毁灭性的战争，特别是结束天主教徒和新教徒之间长期的相互屠杀。这个原则性方案的实质内容就是，“统治的人，决定他的臣民崇拜何神”（cuius regio，eius religio）。然而，大概又花了一个多世纪，直到1648年，欧洲各王朝的使者才又一次聚集到明斯特和奥斯纳布吕克，历经曲折之后，与会各方最终达成协议并签字，宣布奥格斯堡原则立即生效，欧洲各成员国家的大大小小王朝君主们必须遵守。而在此期间，已经发生了为期30年的宗教改革（Reformation）与反宗教改革（Counter-Reformation）战争。

在这两次战争中，欧洲爆发了一系列的瘟疫，并造成了无数的人死亡。而实际上，上述原则方案的实施，逐渐导致两类处于战争状态的宗教崇拜者，彼此实现了领土的分割，并把宗教崇拜的选择权交到了领土上的君主或元首手中。君主或元首有权决定让这两种相互竞争的教会中某一个在自己的领地范围内处于特权或优先地位，而歧视和反对另一个教会；并且他们还拥有一种自由裁量权，可以凭借自己的意志来决定是否容忍那些拒绝改变信仰、拒绝皈依统治者的信仰的臣民。

在奥格斯堡会议召开两百年后，作为欧洲当时最富有、最耀眼的文化、艺术与贸易中心的里斯本，遭遇了三重灾难性破坏，先是发生了地震，接着发生了火灾，最后又是大海啸。这使得启蒙运动中的那些最杰出的思想家们有机会反思、重估和重新定位
158 神的智慧在设计事物秩序中的地位。例如伏尔泰（Voltaire）在其哲理诗《里斯本的灾难》（*Poème surle désastre de Lisbonne*）中，控诉了“自然”这一上帝创造的最重要的事物，并指出里斯本大灾难，充分暴露了上帝与自然的道德冷漠、处事不公的罪恶面目，进而证明除非在人类控制之下，自然完全不能保证善对恶的胜利。他的推论结果就是，上帝在完成创造万物的任务之后，

就隐身了。这个世界需要新的管理者，该轮到人类来管理世界了。

伏尔泰的这种思想后来逐渐沉淀下来，成了新的支配性哲学、人类观念和态度。最初，人们把里斯本大灾难及其在处于上升期的专制君主制背景中所产生的后果，以及《里斯本的灾难》所表达的讯息，都视为一种面向类似哲学家及其强大的、据说是无所不能的赞助人的召唤，后来又使那时绝对专制君主的立法决策开明化——以前他们被认为拥有无限权力和能力并通过法令来改变人类现实——使他们保证善战胜恶，而那哑然无语的自然并不能保证这一点，更别说保证万无一失了。

然而，在明斯特和奥斯纳布吕克会议召开两个世纪之后，从1848 年“民族之春”开始，“统治者决定其臣民崇拜何神”这一原则，就从具有前瞻性的开明君主，转移到新近获得选举权的民众手中，从而确立了由民众统治，由民众自己决定信仰的原则，并被用来服务于民族、国家和民族 - 国家的建构。随着欧洲帝国主义和殖民主义的对外扩张，这一修正后的原则又被移植到
其他大陆，并且在 1919—1921 年的凡尔赛和平会议（Versailles 159
Peace Conference）上，被会议主席、美国总统伍德罗 · 威尔逊以“民族自决权”的形式宣告为全世界人类共同遵守的普遍原则。

在今天，一个不争的事实是，金融、产业、贸易、知识、交流以及人类面临的生存问题都已经全球化了，但是，威尔逊原则要求用来管理人类状况关键因素的那些政治工具，仍然是地方性的和自我参照性的。那么如何协调诸多层面的全球化与政治层面的地方性之间的关系？这是人类面临的最难解决的困境。的确，这是一种元困境，所有其他不那么困难的、衍生性困境的解决，最终都有赖于这一元困境的解决。在需要完成之事与能够完成之事之间，在重要的事情与完成者打算纳入完成议程的事情之间，在发生的事情与所欲的事情之间，在人类面临的问题的规模与可以用来处理这些问题的工具的可获得性和能力之间，存在一种巨大的差距和鸿沟。本雅明·巴贝尔（Benjamin Barber）认为，民族－国家——迄今是能够协调集体行动的长长的整合系统链条中最后的实体——本身或多或少已经体面地实现了服务于独立、自主等任务，因为它的表现符合其最初设计的任务，也十分适应这一任务。但是，现在它每天都显示出明显的不适应性，已不能在人类已经实现全球范围的相互依赖的状况下高效地运行。这种观点得到了众多研究者和观察者的赞同，而且越来越多的人开始赞成这一观点。然而，也有越来越多的坚定不移的和打破传统看法的旁观者，却过于匆忙地[正如马克·吐温(Mark Twain)所讥讽的，非常荒唐地]要为这个死去的或即将到期的民族－国家时代撰写讣告。 160

到目前为止，把整合性的政治单元扩大到更高层次的和更加包容的，也必然更抽象的、更具想象性的、更加超越我们感官范围的政治单元的努力所取得的所有成功，在很大程度上都会同时导致交流和沟通工具的能力的不断扩张，也会导致可能性王国的扩张。在这条道路上的每一步，都会迎来一套新的选择，并因此建立一个舞台，让各种相互敌对的双方——防守方与进攻方、保守方与进步方、关注未来方与关注过去方——之间不断地重演矛盾和冲突。然而，要实现更高层次的和更加包容的政治整合，时刻需要重新商定“我们”与“他们”之间的区分，重新划定整合边界、区分边界以及把二者密切联系起来。

不过，要实现这样的目标，要把人类整合提升到与我们已经实现的相互依赖和互动水平相适应的水平，面临着前所未有的崭新挑战，还需要我们真正面对和处理提升人类集体意识存在的障碍，更需要我们在这种集体意识的鼓励下，合法地展开各种行动。我们必须遵照乌尔里希·贝克的遗训，用世界主义的意识来补充世界主义的情景。先前有一些把整合提高到更大范围和水平的努力取得了最终的成功，但它们也都曾经面临强烈的反对；而这一次是要把人类整合成一个整体，整合范围与水平更高，却无法再用反对“某个共同的敌人”作为武器，也无法再使用“我们”与“他们”的区分策略，而这些都是以前得到检验的，被认为是获得胜利不可或缺的条件。那种假定的“世界主义意识”的标志
167 性特征，就是敞开大门邀请大家加入其中；世界主义时代的到来，无异于要放弃“敌人”和“曾经的陌生人”永远是陌生人的思想，放弃导致“我们”与“他们”的区分的那些基础。因此这一次面临的挑战在于，是人类历史上第一次不再依靠区分的情况下来设计和实现整合。迄今为止，还没有多少迹象可以表明，我们可能会尽快地正面迎接这种挑战。塞缪尔·亨廷顿（Samuel P. Huntington）对后冷战世界的今天的趋势进行了明确的归纳，认为今天“人们正在发现新的但常常是旧的身份认同，在新的但常常是旧的旗帜之下进军，其将导致与新的但常常也是旧的敌人的战争”[1]。为了支持这一看法，他引用了迈克尔·迪布丁（Michael Dibdins）小说中的话，

① Samuel P. Huntington, *The Clash of Civilizations, and the Remaking of World Order*, Free Press 1997, p.20.

威尼斯蛊惑民心的民族主义政客所表达的……冷酷世界观认为，没有真正的朋友，也没有真正的敌人。除非我们憎恨我们所不是的异物，我们就不能爱我们所是之物。这些都是古老的真理，我们在一个世纪后痛苦地再次发现了它们，并使我们分化为更多地以情感为基础的宗派（sentimental cant）。那些否认它们的人，也就是否认他们的家庭、他们的传统、他们的文化、他们的出身、他们的自我。他们不会轻易得到原谅。①

迪布丁想象的威尼斯蛊惑民心的地方民族分裂主义政客，名叫费尔南多·马斯奇奥（Ferdinando Dal Maschio），是20世纪末期意大利出现的北方分裂主义威尼斯联盟（Lega Veneta）运动的创始人之一，“新威尼斯共和国”（Nuova Repubblica Veneta）的支持者，试图脱离整个意大利共和国甚至北方威尼斯的统治。他认为，意大利共和国是“黑色情感宗派”的遗产之一。他甚至与翁贝托·博西（Umberto Bossi）在真实世界的形象存在尖锐冲突，后者因为试图使帕达尼亚（Padania）地区从整个意大利分裂出去并接受北方米兰（Milan）的统治而臭名远扬。但是，马 162

① Michael Dibdins, *Dead Lagoon*. 此处引自英国费伯－费伯出版社2012年发行的本书Kindle版。Faber & Faber 2012 edition.

斯奇奥甚至认为帕达尼亚还不够激进，所以还没有资格成为他的“朋友”。他说：“我们威尼斯人必须控制自己的命运……一个多世纪以来，我们迷信大民族主义可以实现，所以使自己先是受奥匈帝国的统治，然后跟着整个意大利受到罗马的统治。而现在，居然又有人敦促我们把自己乖乖地送给米兰的当权者。”

马斯奇奥这个地方民族分裂主义鼓动分子不仅在公开场合发表了上述高谈阔论，提出了上述质疑和挑战，这位自封的思想家与理论家还亲口告白：

这个中心再也无法支撑……边缘已在行动。在新欧洲，外围就是中心。现在是回家的时候了，是回到你的根源，回到真实的、有意义的和可持续的一切的时候了。……新欧洲没有那些无根的、没有归属感的游民与世界主义者的地方。它将充实和强化自己的边界，包括心理的与意识形态的边界，这些边界将进行严格的巡逻。你必须持有和出示合法的证件，否则你将承担一切后果。

的确，这是多么冷酷的世界观，却正在快速聚集规模庞大且还在不断扩张的人群。说它是即将到来的支配性哲学，一点也不夸张。这种哲学把分裂意识灌输到最近瓦解的民族－国家整合所腾空的所有房间，并且“回到根源”会驶入这个仍然空着、但已经装修好了以容纳还没出生的、实现世界性政治整合的人类的房间。

亨廷顿自己的世界观也同样冷酷，与马斯奇奥描绘的“新欧洲”形象非常一致。他们的世界观，必然得到那些因为都厌恶宽 163
容和民主的一切事物特别是自由宽容的家庭而联合起来的国家及其政客的赞同，也会得到那些越来越多的皈依这种世界观的人群的赞同。亨廷顿认为，从现在开始，“文化和文化身份”将“塑造后冷战世界新的内聚、瓦解和冲突范式”。在后冷战世界中，“人们之间最重要的区别，不是意识形态的、政治的或经济的区别，而将是文化的区别”。他说：

人们将根据祖先血统、宗教信仰、语言、历史、价值观、习俗和制度来界定自己的身份。他们认同文化群体的身份：部落、宗教共同体、民族……人民利用政治不只是为了促进他们的利益，也是为了界定他们的身份。只有当我们知道我们不是谁，以及只有我们知道我们反对谁时，我们才知道我们是谁。（pp. 20–21）

亨廷顿认为，这个规则并非这个时期的和出于应急的规则，相反“人们总是试图把人们界定为我们与他们、内群体与他者、我们文明人与那些野蛮人”。但是，人们是否总是屈服于上述的诱惑，并且真的别无选择，仍是值得讨论的问题，十之八九这是一个只能通过回顾性的分析才能回答的问题，也就是说只能通过参照已经发生的一切来回答，而排除从未来的角度进行回答，面对未来，哪怕是最伟大的头脑也会吃惊不已和措手不及，无法预测更难以预先提出应对措施，所以未来似乎因不可预测而臭名昭著。但是，亨廷顿关于后冷战时期会出现向后退的预期，迄今已被充分证实。而从我写作本书的此时此刻的趋势看，似乎未来会提供
164 进一步的证据来支持他的预言几乎是必然的结局。

一个重大的问题是，我们是否可以拒斥亨廷顿所说的那些意图与诱惑，如果可以，那么又需要什么条件？换言之，一个实现了“世界性政治整合的人类”会出现吗，这个新生儿可以安全地交货吗？

关于这个对我们人类而言十分重要、关乎生死的问题，我在教皇方济各(Pope Francis) 的一次演讲中找到了最让人信服的答案。当然，这个答案绝非某种魔法，并不能立即产生有效的结果，相反需要我们进行长期的、艰苦的努力，才有可能取得成功。教皇方济各是当今具有世界性权威的、敢于提出并决心要解决这个

问题的公众人物之一。而我要引用的那次演讲，是他在 2016 年 3 月 6 日获得欧洲查理曼奖（European Charlemagne Prize）时的获奖发言。这个答案就是：对话能力。其文如下：

> 如果存在一个我们应反复强调、永远不应厌倦的单词的话，那么它就是“对话”。我呼吁人们通过各种可能的方式来促进对话的文化，从而重建社会结构和组织。这种对话文化必然需要一种真正的学徒精神，需要一种纪律使我们能够视他人为有效的对话伙伴，能够尊重外国人、移民和来自不同文化的人们，并认为他们值得倾听。今天，我们迫切需要使所有社会成员都参与进来，以建立“将对话视为一种特殊的接触和互动形式”的文化，并创造“一种建立共识和一致，同时寻求实现建立公正、关心和包容性的社会这一目标的方法”（Evangelii Gaudium, 239）。如果我们尽可能地用对话的武器来武装我们的下一代，教导他们能够打好接触和商谈这场好的战争，那么和平定会持久下去。这样，我们也将留给他们一 165
> 种能够制定和实施生存而非死亡、包容而非排斥之策略的文化。

这种对话文化，应该成为学校教育的重要内容，它超越了学科的界限，有助于给年轻人提供一种必要的工具，使他们能够用与以往我们的习惯方式不同的方式来解决冲突。今天，我们迫切需要建立的，不仅是军事的和经济的“联盟”，更重要的是文化的、教育的、哲学的和宗教的“联盟”。这些联盟可以清楚表明，在许多冲突的背后，往往是经济集团在进行权力游戏。这些联盟能够保护人们不被他人利用去实现不正当的目的。让我们用对话和接触的文化，武装我们的人民。

对话及其所带来的一切好处提醒我们，所有人都不应只是一个旁观者。每一个人，从最渺小者到最伟大的人，在创造一个完整和谐的社会的过程中，都具有积极的作用。只有当我们所有人都促进并进行对话时，这种对话文化才会到来。目前的形势已经不允许任何人袖手旁观，更不允许坐山观虎斗并以期从中获利；相反，其迫切要求我们每个人负起个人的和社会的责任。

这个演讲是送给“我们所有人”的，因为我们所有人都需要“参与策划和建设”这种能够治愈我们的多文化、多中心和多冲突之世界的伤痛的文化。而这个演讲也首先是指向我们这些大众的，而绝非仅限于那些声称（并被认为掌握了）谈判艺术专业技能的
166 职业政客。在教皇方济各发出的讯息（message）背后，存在一

种意图，那就是希望把人类之间和平共处、团结、合作的命运，从“在电视上看到的”那种高层政治的模糊范围，带到街头、车间、办公室、学校和公共空间，在这些地方，我们普通大众相遇和交谈；就是希望人类整合的命运，不再仅仅掌握在亨廷顿《文明的冲突》（*Clash of Civilizations*）中所说的部队指挥官之手，而把它置于日常接触的邻里与工友的关照之下。我们不应再披着相互陌生的文明、传统、宗教信仰或族群服装而相互隔离，而是应彼此接触和交流，坦诚地彼此面对，日益成为关心的而非冷酷的父母、忠诚的而非不忠的情侣、乐于助人的而非吝啬的邻居、愉快的而非乏味的伙伴。

然而要实现这一点，还有一些附加的条件需要满足，以使我们能够把彼此视为“有效的对话伙伴”。正如教皇方济各提醒我们的，若要实现卓有成效的对话，首先我们应相互尊重，共同假定、认可和相互承认彼此地位的平等：

> 土地和人类劳动成果的公正分配，不仅仅是慈善和博爱，它是一种道德义务。如果我们要反思和重构我们的社会，我们需要创造体面和报酬优厚的工作，特别是对我们的年轻人更是如此。

要做到这一点，需要采取新的、更加包容的和更加公平的经济模式，其目的不在于服务少数人，而在于造福普罗大众和整个社会。这就要求从一种流动的经济转向一种社会的经济。

我们没有捷径可以迅捷而轻巧地建立一个大坝，来阻挡各种“逆行”趋势——回到霍布斯、回到部落、回到不平等或回到子宫的趋势，要阻挡其中任何一种逆行趋势，均非一件容易的事情。
167 我想重申的是，要使人们充分认识到提高世界范围的人类整合水平的必要性，以及要完成这一艰巨的任务，都面临空前的挑战和障碍。在当今这个以问题多于答案、疑难多于办法为特征的漫长时期，我们需要使自己振作起来，在成功与失败的机会可能完全相当的阴影下勇敢地采取行动。现在，我们面临的情况与玛格丽特·撒切尔所面临的情况完全不同，并且已经十分严峻，除此以外真的别无选择，更没有回旋的余地。我们——地球上的人类共居者——现在比以往任何时候都更加接近生死抉择的关头：我们应相向而行，手挽手、肩并肩共同前进，否则我们将一起走向毁灭。

译后记

《怀旧的乌托邦》是英国著名社会理论家齐格蒙特·鲍曼去世前不久完成的著作，集中体现了他对人类命运走向的深入思考。他指出，面对充满不确定性的未来，人们越来越希望回到过去，由此进入了一个怀旧的时代。但是，要回到哪种过去？回到一切人反对一切人的霍布斯丛林状态？回到井水不犯河水、相互孤立的族群社会？任由社会两极分化？还是回到母体之中寻求终极的安全？作者对这些替代性选择一一进行了剖析和批判，并最后指出我们应相向而行，手挽手、肩并肩共同前进，加强整合而形成命运的共同体，否则我们将一起走向毁灭。在本书的翻译过程中，译者得到了中国人民大学出版社宋义平先生、盛杰女士的帮助与支持。在此表示感谢。本书翻译分工如下：姚明宇，第一章；吴莎，第二章；马小会，第三章；刘婷嫚，第四章；何文洋，第五章；杨麒，第六章。全书最后由姚伟统译统校。译文文责由译者自负。

译者

于科大花园

图书在版编目（CIP）数据

怀旧的乌托邦 /（英）齐格蒙特·鲍曼著；姚伟等译. —北京：中国人民大学出版社，2018.1

ISBN 978-7-300-25447-0

Ⅰ. ①怀… Ⅱ. ①齐… ②姚… Ⅲ. ①乌托邦－研究 Ⅳ. ① D091.6

中国版本图书馆 CIP 数据核字（2018）第 011424 号

怀旧的乌托邦

［英］齐格蒙特·鲍曼 著

姚伟 等 译

Huaijiu de Wutuobang

出版发行	中国人民大学出版社		
社　　址	北京中关村大街 31 号	邮政编码	100080
电　　话	010-62511242（总编室）		010-62511770（质管部）
	010-82501766（邮购部）		010-62514148（门市部）
	010-62515195（发行公司）		010-62515275（盗版举报）
网　　址	http://www. crup. com. cn		
经　　销	新华书店		
印　　刷	涿州市星河印刷有限公司		
开　　本	890 mm × 1240 mm　1/32	**版　　次**	2018 年 2 月第 1 版
印　　张	7.5 插页 2	**印　　次**	2023 年 5 月第 3 次印刷
字　　数	111 000	**定　　价**	59.00 元